New 홍마리오의
워드프레스 중급

커스터마이징 준비 | 커스터마이징에 필요한 필수 CSS |
실전 웹사이트 커스터마이징 | 엄선된 13개 플러그인 적용하기 |
사이트 관리 · 활성화 기능익히기

앤써북
ANSWERBOOK

NEW 홍마리오의

워드프레스 중급

초판 발행 • 2016년 7월 25일

지은이 • 황홍식 이현 추종범

펴낸이 • 김병성

펴낸곳 • 앤써북

출판등록 • 제382-2012-00007호

주소 • 경기도 고양시 일산 서구 가좌동 565번지

전화 • 070-8877-4177

FAX • 031-919-9852

정가 • 16,500원

ISBN • 979-11-85553-25-2 13000

도서문의 • 앤써북 http://answerbook.co.kr

앤써북은 독자 여러분의 의견에 항상 귀기울이고 있습니다.

2014년 '홍마리오의 워드프레스 중급' 책이 출간된 이후에 많은 질문들을 받았습니다. 아무래도 중급 책은 CSS가 중심이고, CSS 커스터마이징의 경험이 없는 분들이 워드프레스 중급 기술을 접하기란 쉽지 않았을 겁니다.
우선 책을 대충 보아도 'New 홍마리오의 워드프레스 중급' 책은 초급 책에 비해서 난해해 보일 수 있습니다.

필자 또한 CSS 커스터마이징을 공부하기 위해서 CSS 관련된 책이나 강좌를 수강하기는 했지만, 워드프레스에서는 그렇게 많은 CSS를 모두 알아야 될 필요는 없는 것 같습니다. 워드프레스는 자신이 수정하고 싶은 부분만 수정하면 되기 때문입니다. 따라서 이 책을 활용하는 가장 좋은 방법은 여러분이 필요한 부분을 학습을 통해서 익혀가는 겁니다.
워드프레스 중급은 자신이 원하는 부분을 스스로 해결할 수 있으면 된다고 생각합니다. 그 해결 방법에는 CSS로 수정하는 경우, 테마 자체에서 해결하는 경우, 플러그인을 적용시켜서 해결하는 경우 등이 있습니다. 어떤 방법을 사용하건 여러분들이 커스터마이징을 해결할 수 있게 도움을 주는 책이 바로 'New 홍마리오 워드프레스 중급' 책입니다.

이번 개정판은 'New 홍마리오의 워드프레스 초급' 책과 마찬가지로 동영 강좌를 제공해드립니다. 사실 중급 책에서 제공되는 동영상 제공은 내부적으로 많은 고민을 했지만, 아무래도 많은 분들이 워드프레스의 중급 책의 CSS 실습부분을 어려워할 것 같아서 준비하였습니다.
동영상은 언제든 되돌려 볼 수 있으니 책과 함께 학습하면 실습내용을 빠르게 소화시킬 수 있을 것 입니다.
워드프레스는 실습을 많이 해보셔야 합니다. 'New 홍마리오의 워드프레스 초급' 책을 독파한 후 바로 이 책을 보아도 무방하지만, 중요한 것은 실제 사이트 제작을 위해서 다양한 테마로 실습 사이트를 만들어본 후 자신이 원하는 실제 사이트를 제작하면서 서로의 결과를 비교하고 문제점들을 해결할 수 있어야 한다는 것입니다. 따라서 본 도서로 충분히 실습을 해보고 마스터 한 후 반드시 실제 사이트 구축 작업에 책을 통해서 학습한 내용을 적용해 보기 바랍니다. 그리고 막히는 부분은 필자가 운영하는 카페의 질문게시판을 활용해서 해결하거나 오프라인 강의 등으로 해결하는 게 가장 빠른 방법일 것입니다.
'홍마리오 워드프레스 중급책'이 새롭게 개편되어 출간되어 매우 기쁩니다. 아무쪼록 본 도서가 워드프레스 대중화에 기여할 수 있는 좋은 서적이 되었으면 합니다. 책 집필에 고생한 공동저자들께 감사드리고, 밑바탕이 된 워드프레스앤 카페 회원님들께도 감사드립니다.

황홍식

워드프레스가 날로 발전하면서 버전 업데이트가 빠른 속도로 진행되고 있습니다.
책은 2015년 2월에 발간이 되었지만 워드프레스 업데이트로 인해 실습을 진행하기가 어려울 것이라 판단되어 개정판을 집필하게 되었습니다. 쉽지 않은 일정이었지만 워드프레스를 배우시는 분들에게 조금이나마 도움이 되고자 최선을 다해 집필을 하였습니다.
필자 역시 집필을 하면서 많은 것을 배웠고, 보다 더 성장할 수 있는 시간이었으며, 보다 많은 사람들을 만나게 된 계기가 되었습니다. 책을 집필하도록 도움을 주신 홍마리오 형님과 함께 밤을 지세우며 집필을 도와준 추종범 저자님께 감사드립니다. 집필을 할 수 있도록 도와주신 내조의 여왕 오주연님께 항상 감사하고 사랑하고 고맙다는 말을 전하고 싶습니다. 그리고 워드프레스 발전을 위해 공부할 수 있도록 환경을 만들어 주신 굿소프트웨어랩 이건수 대표님께 깊은 감사의 마음을 전합니다.

이현

이 책을 가벼운 마음으로 끝까지 읽고 따라하다보면 워드프레스 커스터마이징이 어렵지 않게 느낄 수 있을 것이라고 생각합니다. 그리고 언제나 저의 원고에 힘이 되어주시는 홍마리오님, 밤을 새우며 함께 작업해주셨던 이현 저자님께 감사드리며, 앤써북의 모든 분들께도 감사의 말씀을 전합니다. 끝으로 항상 응원해주는 가족과 두 달 후면 아내가 되는 이보람님이 항상 옆에 있어주어서 감사하다는 말을 전합니다.

추종범

CONTENTS

CONTENTS

CHAPTER 03 ▶ 커스터마이징 베스트 플러그인 13

CONTENTS

CONTENTS

CHAPTER 04 ▶ 워드프레스 웹사이트 실전 커스터마이징

CONTENTS

CONTENTS

워드프레스에서 커스터마이징이란 CSS를 이용해서 사이트 내 해당 페이지를 최적화시키는 작업입니다. 커스터마이징 시작 전 선행되어야 할 내용은 크롬 개발자 도구 이해하기, 데모 사이트 만들기, 차일드 테마 설치입니다. 이 장에서는 각각의 내용들을 단계별 실습으로 다루게 됩니다.

CHAPTER
01

워드프레스 커스터마이징 준비하기

워드프레스 커스터마이징에서 CSS의 중요성

CSS(Cascading Style Sheets)는 요소에 대한 스타일 표현을 브라우저에 나타냅니다. 주로 색상, 크기, 글꼴, 형태, 배경 등을 다룰 수 있습니다.

워드프레스 테마는 대부분 해외에서 개발되었고 영어에 최적화되어 있는 플랫폼입니다. 그렇기 때문에 한글 폰트와 그 외 한국형 스타일의 홈페이지를 워드프레스로 개발하는 경우 아쉬운 부분이 발생하게 됩니다. 쉽게 말해 홈페이지의 어떤 특정한 부분을 자신이 원하는 스타일대로 튜닝 작업이 필요한 것입니다.

이 책은 워드프레스 사이트를 구축함에 있어서 레이아웃, 폰트, 색상 등 튜닝이 필요한 곳에 CSS를 적용하여 디자인 스타일을 변경하는 작업을 주로 다루게 됩니다.

워드프레스는 웹표준이 적용된 사이트이며, 블록 단위로 구성되어 있습니다. 워드프레스에서 커스터마이징을 하기 위해서는 우선 워드프레스 구조에 대한 이해가 필요합니다.

아파트로 예시를 들어 보겠습니다.

워드프레스 구조

- 아파트의 골조 • 외벽 • 구조는 워드프레스 플랫폼
- 아파트의 실내인테리어는 테마
- 아파트의 인테리어 자재는 플러그인

워드프레스 플랫폼을 아파트로 비유하면 골조 • 외벽 • 구조에 해당됩니다.

아파트의 내부구조는 워드프레스 테마에 해당되며, 인테리어 자재들이 포함되어 있습니다.

테마 구조 변경을 아파트로 예시를 들자면, 초기에 베란다 확장된 아파트였다면 변경할 필요가 없지만, 구매 이후 베란다를 확장하려면, 전문가에게 요청하여 내부구조를 변경합니다. 워드프레스도 내부구조를 변경하려면 개발자 언어인 PHP소스를 수정해야 하며, 프로그램 기술이 요구되기 때문에 일반인이 수정하기는 쉽지 않습니다. 베란다 확장처럼 비용을 들여서 전문개발자에게 요청해야 합니다. 그래서 테마선정이 가장 중요합니다.

아파트 거주민들 중에는 아파트 구매 후 제공된 인테리어를 변경 없이 사용하는 사람도 있지만, 취향에 맞게 인테리어를 부분적으로 변경하거나 전체를 변경하는 사람도 있습니다.

부분적으로 인테리어를 변경 할 때는 조명, 벽지, 가구를 변경 하듯이 워드프레스 테마에서는 색상, 크기, 글꼴, 형태, 배경을 변경합니다.

아파트를 자신의 취향에 맞게 인테리어 하듯 웹사이트에서 인테리어 디자인 부분에 해당하는 것이 바로 CSS입니다. 워드프레스에서 기능 추가 및 구조 변경이 아니라면 워드프레스로 만든 웹사이트의 커스터마이징 대부분이 CSS라고 볼 수 있습니다.

다음 화면과 같이 동일한 웹사이트를 CSS 적용 전후 사이트 사례를 비교해 보시면 쉽게 이해를 할 수 있습니다. 워드프레스 커스터마이징을 위한 CSS 기본 내용은 "Chapter 02 CSS 기본 다지기"를 참조합니다.

◆ CSS 적용 전 웹사이트

◆ CSS 적용 후 웹사이트

01 워드프레스 커스터마이징이란?

워드프레스 테마를 제작하는 테마 제작업체에서 테마 제작 시 모든 사람들이 좋아할만한 대중적인 테마를 개발하게 됩니다. 다시 말해 사용자를 위해 맞춤형으로 만든 제품이 아니라 기성복과 동일하게 불특정 다수를 위해 테마 제작사에서 미리 만들어 판매하는 제품입니다.

기성복 구매 시 자신에게 맞을 수도 있지만 만약 기장이 길면 수선을 하게 됩니다. 체형이 커서 기성복이 맞지 않다면 자신에 맞게 맞춤형으로 제작을 해야 합니다. 워드프레스를 맞춤형으로 제작을 하게 되면, 전문개발자에게 큰 비용을 지불하고 제작을 진행해야 합니다.

워드프레스에서는 대부분 테마를 선정해서 자신이 원하는 형태로 수정하여 원하는 웹사이트를 제작하게 됩니다. 그렇기 때문에 워드프레스에서의 커스터마이징이란 CSS를 활용한 사이트최적화라고 할 수 있습니다. 커스터마이징만 되면 여러분들은 어떠한 테마나 페이지라도 자신이 원하는 스타일대로 구축이 가능할 것입니다.

따라서 이 책에서는 커스터마이징 시 꼭 필요하고 자주 사용하는 CSS를 소개하고, CSS만으로도 선호하는 형식으로 테마를 수정할 수 있는 방법으로 실습을 진행합니다.

맞춤형 제작 사례 살펴보기

Twenty Eleven 무료 테마를 이용하여, 테마 기능 외 모든 구조를 변경한 사례입니다.

사례로 소개하는 사이트처럼 개발하기 위해서는 웹디자이너, PHP개발자, 웹퍼블리셔 등 최소한 3명의 인력이 필요합니다.

개인이 혼자서 다음 사례와 같이 구조를 변경하기 위해서는 기본적으로 PHP 언어와 CSS를 다룰 수 있어야 합니다. 그렇기 때문에 관련 언어를 전혀 모르는 일반인이 작업하기에는 어려움이 있습니다.

❶ 테마 변경 전

◆ 워드프레스에서 제공되는 기본 테마

❷ 테마 변경 후

◆ 무료 테마를 이용한 테마 개발

CSS를 사용한 커스트마이징 사례 살펴보기

themeforest에서 인기 순위 5위 안에 포함된 BE 테마로 제작된 사이트입니다.

BE테마는 다양한 숏코드를 지원하며, 테마 자체빌더 활용 및 CSS 수정 작업으로 작업된

사이트입니다.

❶ 테마 변경 전

◆ BE테마 데모 사이트

❷ 테마 변경 후

◆ BE테마로 제작된 사이트

02 CSS 활용 사례 살펴보기

이 책은 워드프레스 초급 도서의 내용을 습득했거나 워드프레스 기초 지식이 있는 초보자가 CSS를 이용하여 디자인 요소를 원하는 방향으로 혼자서도 수정할 수 있는 방법을 설명하고 있습니다. 즉, 책은 CSS만을 이용하여 워드프레스 테마를 변경하는 실습을 진행합니다.

워드프레스의 개발은 주로 플러그인이 없을 경우 php 등으로 개발하지만 개발자가 아닌 이상 초보자가 직접 개발하기 어렵습니다. 테마 및 플러그인을 개발하거나 수정을 원하시면, PHP 개발 서적 및 웹퍼블리싱 서적을 학습해야 합니다.

다시 말해 이 책은 워드프레스 사이트 최적화에 필요한 CSS 수정을 중점으로 다룬다고 생각하면 됩니다. 그 외 워드프레스에서 제공되지 않는 기능을 추가 개발하는 경우, 즉 워드프레스 테마 개발, 플러그인 개발 등은 wordpress.org 사이트를 참고하면 됩니다.

이 책에서 주로 다루게 되는 CSS를 이용한 사이트 변경 사례에 대해 알아 보겠습니다.

CSS를 이용한 사이트 레이아웃 변경 사례 살펴보기
개발언어를 수정하지 않고 CSS만을 이용하여 레이아웃을 변경하는 방법입니다.

다음은 실제 적용되는 것은 아니며, CSS만을 이용하여 변경될 수 있는지를 보여주는 예시입니다.

수정방법은 Chapter 04에서 실습으로 진행되며, 응용만 잘 하면 원하는 결과물을 얻을 수 있습니다.

다음은 CSS 사용만으로도 레이아웃의 디자인 요소를 원하는 위치로 변경하는 사례입니다.

❶ 변경에 필요한 CSS
CSS사용만으로도 디자인 요소를 원하는 위치로 변경이 가능합니다.

• 레이아웃 CSS 변경 전
다음은 레이아웃의 CSS를 변경하기 전 상태로 이미지가 왼쪽 위치에 있습니다.

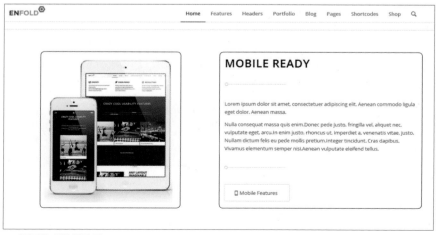

◆ 레이아웃 위치 변경 전

• 레이아웃 CSS변경 후

레이아웃의 CSS를 변경한 후 상태로 이미지가 오른쪽으로 이동 되었습니다.

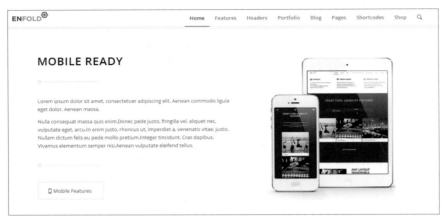

◆ 레이아웃 위치 변경 후

CSS를 이용한 이미지 변경 사례 살펴보기

사이트 로고 변경 요청이 많은 갤러리 이미지의 마우스 오버 효과를 CSS로 적용해 보겠습니다.

적용 사례 실습은 아니며, CSS만을 이용하여 변경될 수 있는지 예시를 보여 줍니다.

수정방법은 Chapter 04에서 실습으로 진행 되며, 응용만 잘 하시면 원하는 결과물을 얻을 수 있습니다.

다음은 CSS 사용만으로도 레이아웃의 갤러리 마우스 오버효과를 변경 할 수 있는 사례입니다.

❶ 갤러리 마우스 오버효과 로고 변경 전

마우스 오버 시 ➡ 모양을 ENFOLD 로고로 변경해 보겠습니다.

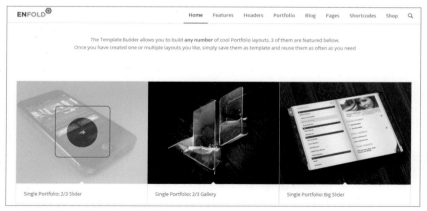

◆ 갤러리 마우스 오버효과 로고 변경 전

❷ 갤러리 마우스 오버효과 로고 변경 후

마우스 오버 시 ENFOLD로 이미지 변경되었습니다.

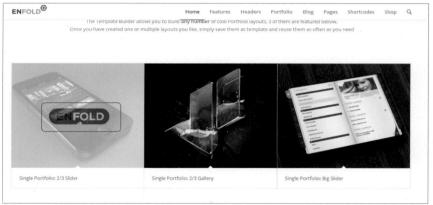

◆ 갤러리 마우스 오버효과 로고 변경 후

CSS를 이용한 텍스트 변경 사례 살펴보기

CSS만을 이용해도 폰트 색상 변경이 가능합니다. 컨텐츠 내용 중 부각시킬 텍스트에 색
상을 개별적으로 적용이 가능합니다.

다음은 적용 사례 실습은 아니며, CSS만을 이용하여 변경될 수 있는지 예시를 보여 드립
니다.

수정방법은 Chapter 04에서 실습으로 진행되며, 응용만 잘하면 원하는 결과물을 얻을
수 있습니다.

❶ 변경에 필요한 CSS

페이지나 글 등록 시 워드프레스 에디터 창에서 CSS 소스를 넣어 색상을 변경하는 사례입니다.

- 텍스트 색상 변경 전

◆ 텍스트 부각 전

- 텍스트 색상 변경 후

텍스트를 부분적으로 부각시킬 경우에 사용합니다.

◆ 텍스트 부각 후

02 커스터마이징 준비하기

커스터마이징을 실습하기 위해서는 다음 항목들이 필요합니다. 다음 항목들은 책의 실습 내용을 기준으로 필요한 항목들입니다.

❶ 카페24 웹호스팅 : 3개월 무료 호스팅 서비스 쿠폰 이용(부록 참조)
❷ 데모 사이트 : 커스터마이징 대상 사이트
❸ 차일드 테마 : 커스터마이징에 사용할 테마
❹ 크롬 개발자 도구 : 수정 내역을 확인하기 위한 도구

위 항목들을 단계적으로 알아보겠습니다.

TIP 　커스터마이징 시 차일드 테마를 사용하는 이유

워드프레스 테마를 커스터마이징하게 될 경우 차일드 테마를 만든 후 수정하는 것이 일반적입니다.
원본 테마(부모 테마)를 직접 수정해도 되지만 추후 원본 테마가 업그레이드 등 변화가 있을 경우 원본 테마 수정 부분이 초기화됩니다.
이런 문제점은 차일드 테마(Child Theme 자식 테마)로 해결할 수 있습니다. 차일드 테마는 부모 테마, 즉 사용할 원본 테마의 모든 기능을 그대로 상속받아 사용할 수 있으며 전혀 다른 디자인의 테마를 만들어도 기능을 모두 상속받기 때문에 해당 기능에 대한 추가 작업이 필요없습니다.
테마를 수정하는 경우 원본 테마에서 수정할 파일만 자식 테마의 동일한 위치에 복사해 두고 그것을 수정합니다.

01 카페24 무료계정 활용하기

본 도서를 구입하면 cafe24 무료 계정과 웹호스팅을 무료로 3개월 동안 이용할 수 있습니다.

실제 사이트를 제작하기 위해서는 웹호스팅 등록 절차를 거쳐야 합니다.

자세한 웹호스팅 절차는 "New 홍마리오 워드프레스 초급(앤써북)" 도서를 참고합니다.

이 책에서는 간략하게 설명 드리겠습니다.

> **TIP** cafe24 웹호스팅 3개월 무료이용권
>
> 본 도서의 부록으로 "cafe24 웹호스팅 10G 광아우토반 Full SSD 절약형" 3개월 무료 이용 쿠폰이 제공됩니다. 자세한 내용은 부록을 참고하세요.

01 카페24(www.cafe24.com)에 접속한 후 회원가입 및 로그인합니다. 상단의 '웹호스팅' 메뉴를 클릭하면 웹호스팅 사이트로 이동됩니다.

◆ cafe24 사이트

02 웹호스팅 상품은 절약형, 일반형, 비즈니스, 퍼스트클래스, 자이언트 등 다양한 웹호스팅 상품이 있습니다. [자세히보기] 버튼을 클릭하면 웹호스팅 상품 분류 페이지로 이동됩니다.

◆ 카페24 웹호스팅 페이지

03 절약형의 [신청하기] 버튼을 클릭하면, 신규아이디 등록 및 회원정보 입력페이지로 이동됩니다.

◆ 웹호스팅 상품상세분류

04 절약형 상품을 등록하는 절차입니다. FTP, Telnet, 비밀번호를 입력하고 꼭 메모해 두시기 바랍니다. FTP, Telnet, 비밀번호 워드프레스 셋팅 시 필요한 정보입니다. 구매절차는 생략하도록 하겠습니다.

○2 데모 사이트 만들기

웹호스팅 등록이 완료되었다면, 워드프레스 설치를 진행합니다.

워드프레스 설치는 Cafe24에서 자동 설치하는 방법, FTP를 이용하여 수동으로 설치하는 방법 중 한 가지 방법을 선택 진행하면 됩니다. 만약 기존에 워드프레스를 설치했다면 이 과정은 생략해도 무방합니다.

워드프레스 설치 절차에 관련된 자세한 내용은 "New 홍마리오의 워드프레스 초급(앤써북)" 도서 또는 워드프레스앤 네이버 카페 게시물(cafe.naver.com/wphome/90651)을 참조합니다. 여기서 워드프레스를 설치 과정은 생략하도록 하겠습니다.

데모 사이트 제작 실습에 사용될 테마는 interface 입니다. Interface는 WordPress.org 에서 공유되는 무료 테마입니다. 반응형 웹디자인이며, 심플하고깔끔한 테마입니다. 물론 반응형을 사용하지 않는 옵션도 제공됩니다. 또한 사이드바의 위치를 변경하거나 사용하지 않을 수 있고, 다양한 모양의 포스트 목록을 제공합니다. 특정 포스트나 페이지를 선택해서 슬라이더로 만들 수도 있습니다.

01 "New 홍마리오의 워드프레스 초급(앤써북)" 도서에서 실습으로 진행했던 워드프레스앤 사이트로 실습을 진행하며, 제작된 사이트와 동일하게 데모 사이트를 구축해 보겠습니다.

데모 페이지 구축에 필요한 All-in-One WP Migration 플러그인은 테마옵션 설정값, 글, 페이지, 이미지, 플러그인 등 사이트 모든 정보를 백업, 복원 가능한 기능을 지원합니다. 또한 워드프레스 웹사이트 전체를 그대로 이동 또는 백업도 가능합니다.

다음 데모 페이지(hongma3.cafe24.com)로 구축될 사이트입니다.

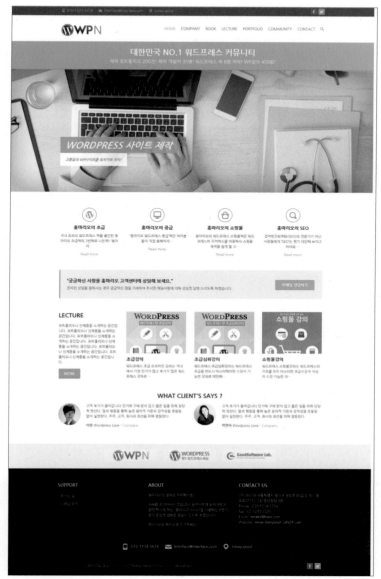

◆ 실습 데모 사이트

02 카페24 무료계정으로 생성한 아이디로 워드프레스에 로그인한 후 알림판이 보이면 다음과 같이 진행합니다. 알림판에서 '플러그인–플러그인 추가하기' 메뉴를 클릭한 후 'All–in–one WP Migration'을 검색합니다.

◆ All-in-one WP Migration 플러그인 검색

03 검색된 All-in-one WP Migration 플러그인 목록에서 가장 처음에 보이는 'All-in-One WP Migration' 플러그인의 우측상단에 있는 [지금 설치하기] 버튼을 클릭하여 플러그인 설치를 진행합니다.

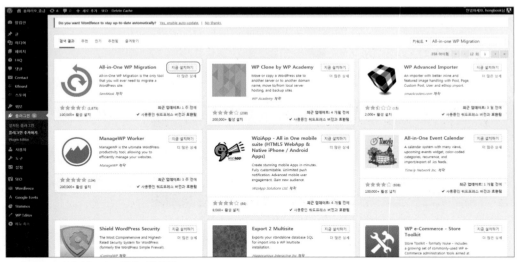

◆ All-in-one WP Migration 플러그인 목록

04 '플러그인을 활성화'를 클릭하여 설치된 All-in-one WP Migration 플러그인을 활성화시킵니다.

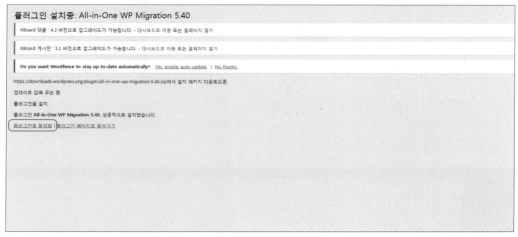

◆ All-in-one WP Migration 플러그인 활성화

05 'All-in-One WP Migration' 플러그인 설치는 완료되었습니다. 이제 데모 사이트를 복원하기 위해 알림판에서 'SiteMigration-Import' 메뉴를 선택합니다.

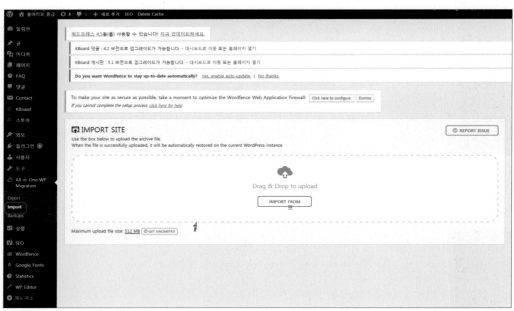

◆ SiteMigration-Import 메뉴

06 데모 사이트 복원 파일을 다운받기 위해 중급책 Q&A 게시판(http://cafe.naver.com/ wphome/90651)에 접속합니다. 공지 게시물 우측 상단의 첨부파일을 다운로드 받고, 압축을 풀면 hongma3.cafe24.wpress 파일을 다운로드 받을 수 있습니다. 단, 데모 사이트 복원 시 hongma3과 워드프레스 버전이 동일해야 하며, 자료실 게시판에 워드프레스를 버전별로 제공하고 있습니다. 파일을 다운로드 받았으면 알림판으로 돌아옵니다. 알림판에서 'All in One Wp Migration' 메뉴 클릭하고 다음 화면과 같이 Drag & Drop to upload에서 [OR, SELECT A FILE]을 선택합니다. 그리고 중급책 Q&A 게시판에서 다운로드한 파일을 선택합니다.

예 hongma3.cafe24.com.wpress

◆ 백업 파일 선택

07 파일 선택 시 자동 복원이 실행됩니다. 이제 모든 워드프레스 복원이 완료되었습니다.

◆ 파일 선택 시 자동 복원 실행

08 워드프레스 계정으로 로그인합니다. 로그인 계정은 이전 사이트 로그인 계정(백업 시 로그인 계정)으로 로그인하면 됩니다.

◆ 워드프레스 계정 로그인

TIP 오류 해결하기

❶ 오류 해결 1

메뉴 클릭 시 "Not Found The requested URL /about/ was not found on this server." 오류 메시지가 나타날 경우 '외모-설정-고유주소' 메뉴를 선택한 후 [변경 사항 저장] 버튼을 클릭하여 변경된 고유주소를 업데이트 실행해야 오류 부분이 해결됩니다.

◆ 고유주소 업데이트

❷ 오류 해결 2

사이트에 설치된 플러그인이 정상적으로 복원 설치가 되지 않을 경우가 종종 발생합니다. 이런 경우 플러그인을 삭제하시고 다시 설치하면 해결됩니다.

03 차일드 테마 설치하기

프로그래밍에는 상속이라는 개념이 있습니다. 기존의 기능을 그대로 물려받으면서, 원하는 기능 등을 추가하면서 확장할 수 있는데, 워드프레스도 마찬가지입니다.

원본 테마에는 아무런 영향을 미치지 않으면서, 상속 받은 테마에서는 그 기능을 그대로 물려받아 사용할 수 있는데, 이런 테마를 차일드 테마(Child Theme)하고 합니다.

차일드 테마로 작업하는 이유는 구축한 사이트의 커스터마이징을 위해 CSS를 수정했다면, 테마 업데이트 시 수정한 CSS 내용은 모두 사라지게 됩니다. 그렇다고 커스터마이징한 CSS를 그대로 두기 위해 업데이트를 하지 않는다면 테마의 기능 중 일부 기능이 작동되지 않을 수 있기 때문에 난감한 상황에 빠질 수 있기 때문입니다.

업데이트 문제점을 보완하기 위해 원본 테마(부모 테마)를 직접 커스터마이징 작업을 하지 않고, 상속받은 차일드 테마에 커스터마이징 작업을 합니다.

커스터마이징 전 반드시 차일드 테마를 설치해야 합니다.

차일드 테마 생성 실습하기

지금부터 차일드 테마를 만들기 위한 실습을 진행해 보겠습니다.

차일드 테마를 만들기 위해서는 다음과 같은 두 가지 선행조건이 있습니다.

❶ 웹호스팅 계정이 있어야 합니다.

부록으로 제공하는 cafe24 무료계정(cafe24 웹호스팅 3개월 무료 이용 쿠폰)을 이용하거나 기존에 본인이 보유하고 있는 웹호스팅 계정을 활용해야 합니다.

❷ FTP 프로그램을 다운받아서 설치해야 합니다.

이 책의 실습에서는 파일질라(https://filezilla-project.org) FTP 프로그램으로 진행하도록 하겠습니다.

01 워드프레스에서 테마를 인식하기 위해서는 테마 폴더가 필요합니다. 원본 테마 처럼 interface 폴더명에 'child'를 추가하여 폴더를 생성합니다. 여기서는 편의상 바탕화면에 폴더를 만들어 보겠습니다. 바탕화면에 새폴더를 추가하고, 폴더명은 'interface-child'로 만듭니다.

◆ 차일드 테마 폴더 생성

❷ 차일드 테마 파일 다운로드

차일드 테마를 만들기 위해서는 원본 테마에서 다음과 같은 3개의 파일(header.php, screenshot.png, style.css)을 다운로드 받아 수정을 해야 합니다.

- header.php : 페이지 상단, 즉 웹사이트의 머리부분을 나타냅니다. (DOCTYPE, 메뉴 등)
- screenshot.png : 테마의 썸네일 이미지입니다.
- style.css : 테마 정보와 CSS를 나타냅니다.

데모 사이트 만들기 실습에서 적용된 Interface 원본 테마 안에서 header.php, screenshot.png, style.css 3개의 파일을 다운받아야 하므로 FTP프로그램(여기서는 파일질라)을 이용해서 실습을 해보도록 하겠습니다.

01 테마 파일을 받기 위해서는 파일질라 FTP 프로그램이 필요합니다. 파일질라 FTP 프로그램 다운로드 방법은 다음의 TIP을 참조바랍니다.

파일질라 프로그램을 다운로드 받으려면 우선 파일질라 사이트에 접속합니다.

https://filezilla−project.org/download.php?type=client

다음과 같은 다운로드 화면이 보입니다.

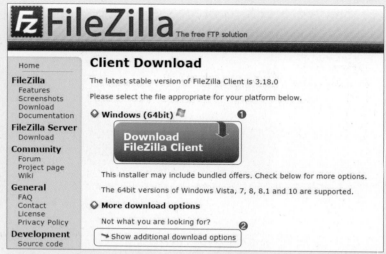

◆ 파일질라 다운사이트

여기서는 자신의 컴퓨터 운영체제에 따라 다운로드 받아야 합니다. 자신의 컴퓨터 운영체제는 바탕화면의 '내컴퓨터'에서 마우스 우측 버튼을 클릭 후 '속성' 메뉴를 클릭합니다. 시스템 창이 나타나면 시스템 종류란에 자신의 운영체제 종류를 확인할 수 있습니다.

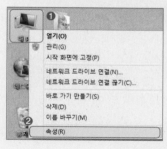

❶ 윈도우 64비트일 경우

최근 PC나 노트북은 대부분 64비트 윈도우가 많기 때문에 위 그림에서 [Download FileZilla Client]를 클릭한 후 다운로드 받으면 됩니다. 자동으로 '내문서−다운로드' 폴더에 저장됩니다.

❷ 윈도우 64비트가 아닐 경우

위 화면에서 'More download options'를 클릭하면 아래와 같은 화면이 보입니다.

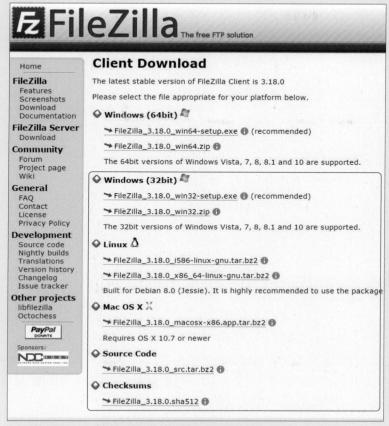

◆ 앞 화면에서 More download options을 클릭 시 나타나는 화면

화면에서 보는 것과 같이 windows 32비트, 리눅스, 맥용 등 다양한 옵션에 따른 파일질라 프로그램을 다운로드를
할 수 있습니다.

02 파일질라 실행 파일(FileZilla_3.8.1.0_win64-setup.exe)을 더블클릭 후 설치를 진행합니다. 단, 버전은 시가와 운영체제에 따라 다를 수 있습니다. 설치 완료 후 파일질라 FTP를 설정하기 위해 파일질라 실행 파일을 실행시키면 다음과 같은 화면이 나타납니다.

◆ 파일질라 실행화면

03 파일질라 FTP를 설정합니다. 파일질라 메인화면 상단에 호스트(사이트주소), 사용자명(아이디), 비밀번호(FTP비밀번호)를 입력한 후 [빠른 연결] 버튼을 클릭하면 리모트 사이트(웹서버)에 접속됩니다. 자신이 정한 카페24 계정, 비밀번호로 접속합니다.

예 호스트 : hongma3.cafe24.com   사용자명 : hongma3

◆ 파일질라 리모트 접속화면

04 Interface 원본 테마 파일을 다운로드 받습니다. PC 폴더 목록 중 바로 전 단계에서 만든 '바탕화면-interface-child' 폴더를 클릭하여 다운로드 받을 폴더로 지정합니다. 그리고 오른쪽 리모트 사이트 폴더 목록 중 'www-wp-content-themes-interface' 폴더를 클릭한 후 Ctrl 키를 누른 상태에서 header.php, screenshot.png, style.css 총 3개 파일을 선택합니다. 리모트 사이트 선택한 파일 목록에서 마우스 오른쪽 버튼을 클릭한 후 '다운로드' 메뉴를 클릭합니다.

◆ Interface 원본 테마 파일 다운로드

바탕화면에 생성한 'interface-child' 폴더에 다음 파일들이 다운로드된 것을 확인할 수 있습니다.

◆ 바탕화면 interface-child에 다운로드

TIP

차일드 테마에 3개 파일만 복사하는 이유는 차일드 테마는 원본 테마(부모 테마)를 참조해서 사용하기 때문입니다. 동일한 이름의 파일이 원본 테마와 차일드 테마에 있을 경우 차일드 테마의 파일을 우선적으로 실행합니다.

❸ 차일드 테마의 스타일시트 파일 수정 후 업로드하기

원본 스타일시트 파일에는 다양한 스타일 정보가 담겨 있지만, 차일드 테마의 스타일시트 파일에는 스타일 정보가 없고 테마의 정보만 있습니다. 원본 테마의 CSS 파일을 가져와서 사용하기 때문입니다.

차일드 테마의 스타일시트(style.css) 파일을 수정한 후 업로드해 보겠습니다.

01 다운로드 받은 style.css 파일을 마우스 오른쪽 버튼으로 클릭한 후 '연결 프로그램 선택-메모장' 메뉴를 선택합니다.

◆ 스타일시트 파일을 메모장으로 열기

02 style.css 파일을 메모장에서 열면 다음과 같은 스타일시트 파일이 열립니다. 수정할 소스는 다음과 같이 박스 표시된 상단 영역입니다.

```
/*
Theme Name: Interface
Theme URI: http://themehorse.com/themes/interface
Author: Theme Horse
Author URI: http://themehorse.com
Description: Interface is a Simple, Clean and Flat Responsive Retina Ready WordPress Theme. It is easily cust
Version: 1.2
License: GNU General Public License v2 or later
License URI: http://www.gnu.org/licenses/gpl-2.0.html
Tags: white, light, green, two-columns, left-sidebar, right-sidebar, fluid-layout, custom-menu, custom-backgr
Text Domain: interface

/* =Reset
----------------------------------------------------------- */

html, body, div, span, applet, object, iframe, h1, h2, h3, h4, h5, h6, p, blockquote, pre, a, abbr, acronym,
    border: 0;
    font-family: inherit;
    font-size: 100%;
    font-style: inherit;
    font-weight: inherit;
    margin: 0;
    outline: 0;
    padding: 0;
    vertical-align: baseline;
```

◆ style.css 메모장 열기

03 style.css 파일의 소스를 다음과 같이 수정합니다.

- 테마명 : Theme Name: Interface ➡ Theme Name: interface-child 변경
- 원본 테마명 : Text Domain: interface 다음으로 Template: interface 소스 추가
- 원본 테마 CSS 경로 : html, body, div, span, applet, object, 상단에 @import url("../interface/style.css"); 소스추가

TIP

원본 테마(부모 테마)의 스타일을 사용하지 않고 새로운 스타일을 적용시키고자 할 경우에는 @import를 기입하지 않고 새로운 스타일을 작성하면 된다. 또한 차일드 테마 스타일시트(style.css)를 만들 경우 Template을 지정해 주어야 하며, Template은 원본 테마명을 지정해주면 된다. 이때 원본 테마명은 원본 테마의 디렉토리명을 그대로 작성하면 된다.

만약 앞에서 기술한 '차일드 테마 설치가 안될 시 중급책 Q&A 공지게시물(http://cafe.naver.com/wphome/90651)의 '중급책 자료 〉 02.차일드 테마' 폴더 경로로 이동한 후 interface-child 폴더를 사용하면 됩니다.

다음은 차일드 테마에 적용된 소스 예시입니다.

```
/*
Theme Name: interface-child ─────────────❶
Theme URI: http://themehorse.com/themes/interface
Author: Theme Horse
Author URI: http://themehorse.com
Description: Interface is a Simple, Clean and Flat Responsive Retina Ready
WordPress Theme. It is
License: GNU General Public License v2 or later
License URI: http://www.gnu.org/licenses/gpl-2.0.html
Tags: white, light, green, two-columns, left-sidebar, right-sidebar, fluid-
layout, custom-menu, Text Domain: interface
Template: interface ─────────────────────❷
/* =Reset
------------------------------------------------------------ */
@import url("../interface/style.css"); ─────❸
```

04 소스 수정이 완료되면 메모장에서 '파일-저장' 메뉴를 클릭하여 저장합니다.

05 수정한 style.css 파일을 업로드 하겠습니다. 바탕화면에서 'interface-child' 폴더를 선택하여 업로드를 진행합니다. 리모트 사이트에 다음 그림과 같이 원본 테마와 같은 위치(/워드프레스 설치경로/wp-content/themes)에 업로드합니다.

◆ 리모트 사이트 올리기

❹ 차일드 테마 적용하기

워드프레스 알림판에서 차일드 테마를 활성화하면 차일드 테마가 사이트에 적용 됩니다.

01 알림판에서 '외모-테마' 메뉴를 선택하면 테마 리스트에 interface-child가 추가된 것을 확인할 수 있습니다. interface-child에서 [활성화] 버튼을 선택하면 차일드 테마 설정이 완료됩니다.

◆ 테마 리스트

02 차일드 테마를 활성화한 후 사이트 메인으로 돌아와서 확인 해보면 차일드 테마가 적용된 모습을 확인할 수 있습니다. 이처럼 차일드 테마는 별다른 작업 없이도 원본 테마로 지정한 테마 그대로 상속받아 표시해줍니다.

❺ Primary Menu 재설정하기

테마 변경 시 테마 위치에서 Primary Menu를 다시 설정해야 합니다. 만약 설정을 하지 않을 경우 모든 메뉴가 일렬로 나열됩니다.

01 알림판에서 '외모-메뉴' 메뉴를 클릭한 후 메뉴 설정의 테마 위치에서 'Primary Menu' 체크 박스를 체크한 후 [메뉴 저장] 버튼을 클릭합니다.

◆ Primary Menu 재설정(Primary Menu [메뉴 저장] 버튼 박스처리)

크롬 개발자 도구 이해하기

크롬 개발자 도구란 구글에서 만든 웹브라우저인 크롬에는 홈페이지 개발을 도와주는 다양한 도구가 기본적으로 제공되는데, 이를 개발자 도구라고 합니다. 크롬 개발자 도구를 이용하면 HTML, CSS, JavaScript의 작업 생산성을 극대화 할 수 있습니다.

구글 사이트(google.com)에서 검색하여 크롬(Chrome) 다운로드 버튼을 클릭하여 크롬 브라우저를 설치합니다.

크롬 개발자 도구 활성화 방법은 자신이 보고 있는 현재 웹사이트에서 F12 키를 누르거나 크롬 브라우저 창에서 마우스 오른쪽 버튼을 클릭한 후 '요소 검사' 메뉴를 선택하는 것입니다.

다음과 같이 크롬 브라우저 화면이 분할되면서 하단에 크롬 개발자 도구 창이 활성화됩니다.

◆ 크롬 개발자 도구

❶ 크롬 개발자 도구 창 이해하기

크롬 개발자 도구 창에서 왼쪽 영역은 사이트 HTML 영역이며, 오른쪽 영역은 CSS 소스 영역입니다.

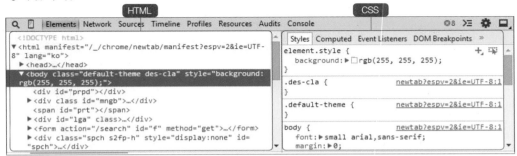

◆ 크롬 개발자 도구 이해

크롬 개발자 도구 창 상단의 메뉴들의 기능입니다.
- Elemetns : HTML 코드를 분석하고, 실시간으로 수정할 수 있는 도구
- Network : 서버와의 통신 내역을 보여주는 도구로, 존재하지 않는 리소스를 찾는데 유용함
- Sources : 웹페이지에 삽입되어있는 JavaScript를 디버깅하기 위한 도구
- Timeline : 웹페이지의 성능을 측정하는 도구
- Profiles : 웹페이지의 JavaScript, CSS 등의 성능을 측정하여 어디에서 병목이 발생하는지 확인하는 도구
- Resources : 현재 로딩 된 웹페이지에서 사용된 리소스(이미지, 스크립트, 데이터)를 열람할 수 있는 도구
- Audits : 웹 애플리케이션의 성능을 향상시킬 수 있는 방법을 컨설팅해주는 도구
- Console : JavaScript 명령을 실시간으로 내릴 수 있는 도구

❷ 크롬 개발자 도구 사용방법

개발자 도구 창에서 왼쪽 상단 요소 선택 화살표 아이콘을 선택한 후 변경해야 할 부분을 선택하면 해당 영역의 HTML 및 CSS가 보여집니다.

하지만 크롬 개발자 도구에서 소스를 수정하여도 웹사이트에 반영되는 것은 아니며, 소스를 수정할 경우 어떻게 변경되는지 테스트를 해보는 것입니다.

Elements 탭은 현재 화면의 전체 소스를 볼 수 있고, 소스에 마우스를 가져가면 해당 소스가 적용된 영역을 표시해줍니다. 화면에서 표시된 영역을 보고 쉽게 소스를 찾을 수 있습니다. 그래서 HTML과 CSS 소스를 분석할 때 아주 유용하게 사용되는 도구입니다.

다음은 CSS 적용값을 알아내는 방법입니다. 개발자 도구 오른쪽 분리된 영역이 있는데, 이 영역에서 Styles 탭을 클릭하면 Elements에서 선택한 소스에 사용된 CSS 정보가 표시됩니다.

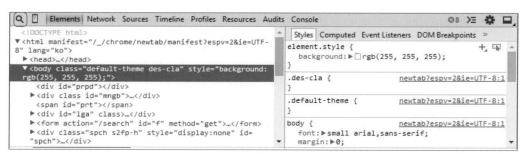

◆ 크롬 개발자 도구 이해

❸ 크롬 개발자 도구에서 소스 수정하기

사이트화면에서 요소 선택 화살표 아이콘을 선택한 후 "대한민국 No.1 워드프레스 커뮤니티" 글자 요소를 선택합니다. 크롬 개발자 도구 왼쪽에 그림 2번으로 표기된 카레텐트 영역인 ▼⟨section cless = "slogan-wrap"⟩ HTML 소스 위치로 이동됩니다.

⟨section class="slogan-wrap"⟩에 적용된 크롬 개발자 도구의 오른쪽 CSS를 확인해 보도록 하겠습니다.

◆ 크롬 개발자 도구에서 소스 수정하기

❹ CSS 파일 및 위치 확인하기

크롬 브라우저에서 지원하는 개발자 도구는 개발자의 편의성을 위해 HTML 소스와 HTML에 적용된 CSS 소스의 위치를 알려주는 나침반 역할을 합니다.

크롬 개발자 도구 오른쪽 부분이 CSS가 적용된 영역입니다.

Style.css?ver=107a70c…;987로 표시된 부분이 CSS 위치입니다. CSS 파일명은 'style.css' 이고, style.css 소스의 987번 라인에 해당 CSS 소스 있다는 것을 표시해주고 있습니다.

※ 단, 사용자 환경에 따라 소스의 줄수 차이가 있을 수 있습니다.

◆ CSS 파일 및 위치 확인

워드프레스 테마를 쉽게 변경할 수 있는 워드프레스 플러그인 WP Editor(테마 편집기 또는 소스 편집기)를 이용하여 해당 소스를 수정하면 모든 수정 사항이 완료됩니다. 워드프레스 테마편집기는 소스의 줄 번호가 지원 되지 않습니다.

WP Editor 플러그인을 설치한 후 알림판에서 '외모-Theme Editor' 메뉴를 선택합니다. WP Editor 플러그인을 설치하면 다음과 같이 FTP 없이도 워드프레스 테마 변경이 가능합니다. WP Editor 플러그인 설치는 "Chapter 03의 테마 편집기 WP Editor 플러그인 설치하기" 내용을 참조합니다.

◆ 알림판 테마 편집기

TIP

WP Editor 플러그인을 설치하면 커스텀마이징할 때 FTP를 통해 진행하지 않고 바로 관리자 모드에서 수정할 수 있어 편리합니다.

CSS(Cascading Style Sheets)는 요소(Element)에 대한 스타일표현을 브라우저에 나타냅니다. HTML이 집을 만들기 위해 필요한 벽돌 역할을 한다면 CSS는 그것들을 잘 쌓고 색칠하여 집을 꾸미는 역할을 담당한다고 할 수 있습니다. 즉 HTML은 웹사이트의 기본 뼈대가 되고, CSS는 웹사이트에 디자인을 입힌다는 개념입니다.

CSS는 규칙에 의해서만 사용 가능하며, 고유한 style 요소를 수정 할 수 있고 색상, 크기, 글꼴, 형태, 배경 등을 다룰 수 있습니다. 선택자(selector)를 기준으로 특정 태그나 class, id 이름을 가진 selector를 찾아 색상을 변경하거나 해당 단락의 글꼴을 변경 할 수 있습니다. 워드프레스 커스터마이징의 가장 핵심적인 기술은 CSS이며, 대부분 CSS로 처리한다고 할 수 있습니다.

이 장에서는 CSS의 기초부터 워드프레스에서 자주 사용되는 CSS의 핵심 기능에 대해서 알아보도록 하겠습니다.

CHAPTER

02

커스터마이징을 위한 CSS
핵심 기능 익히기

01 CSS 기초 이해하기

01 CSS 적용 방법 및 규칙 알아보기

CSS(Cascading Style Sheets)는 주로 다듬고 세련되게 마무리하는 단계로 태그나 괄호, 세미콜론 등으로 표시됩니다. CSS는 워드프레스 홈페이지 제작에서 최종 마무리 단계인 커스터마이징에 사용됨으로써 아주 중요한 역할을 하고 있으며, 가장 기초부분인 CSS 적용 방법, CSS 선택자, CSS 우선순위에 대해 설명하겠습니다.

CSS 적용 방법 알아보기

HTML 문서에 CSS를 적용하는 방법은 3가지가 있습니다.

❶ 외부 스타일시트(External Style Sheet)
❷ 내부 스타일시트(Internal Style Sheet)
❸ HTML 태그 내의 스타일(Inline Stlye)

구분	주요 내용	사례
외부 스타일시트 (External Style Sheet)	외부 스타일시트는 해당 페이지 바깥에 CSS 문서를 두고 페이지를 다루는 방법입니다.	`<link rel="stylesheet" type="text/css" href="index.css">` 외부의 index.css 파일을 작업중인 html 파일에 링크(Link)를 걸어 css를 적용합니다.

내부 스타일시트
(Internal Style Sheet)
	내부 스타일시트는 해당 페이지 문서 내의 〈head〉와 〈/head〉 사이에 스타일을 적용하는 방법입니다.	`〈head〉`
		`〈style〉`
		`    h1 { font-size:14px; }`
		`〈/style〉`
		`〈/head〉`
		작업중인 html 파일 내에 〈head〉와 〈/head〉 사이에 스타일을 적용합니다.

HTML 태그 내의 스타일 (Inline Stlye)	HTML 태그 내의 스타일은 스타일을 정의하고 싶은 HTML 태그 내에 스타일을 정의하는 방법입니다.	`〈p style="color:red;"〉html 태그 내에 스타일 적용〈/p〉` html 태그 내에 스타일을 적용합니다.

```
<!doctype html>
<html>
 <head>
  <!-- 외부스타일 시트 External Style Sheet -->         ┐
  <link rel="stylesheet" type="text/css" href="index.css">  ├── 외부 스타일시트
  <meta charset="UTF-8">                              ┘
  <title>CSS 적용방법</title>
  <!-- 내부스타일 시트 Internal Style Sheet -->
  <style>                                             ┐
  p { color:red !important; }                         │
  #abc { color:blue; }                                │
  .abcd { color:orange; }                             ├── 내부 스타일시트
  p { color:gray; }                                   │
  * { color:yellow; }                                 │
  </style>                                            ┘
 </head>
 <body>
  <!-- HTML 태그내의 스타일 (Inline Style) -->          ┐── HTML 태그 내의
  <p style="color:green;">HTML 태그내의 스타일 (Inline Style)</p>  ┘   스타일
 </body>
</html>
```

◆ CSS 적용 방법 예시

CSS 적용 방법은 다음과 같습니다.

❶ 외부 스타일시트

```
<head>
 <link rel="stylesheet" type="text/css" href="style.css">
</head>
```

◆ 외부 스타일시트

CSS 파일 확장자를 가진 시트 파일을 만들고 이 파일을 HTML 문서에 연결하여 사용합니다.

외부 스타일시트의 rel은 문서와 문서의 관계를 표시하며, 스타일시트로 연결할 때는 "stylesheet"로 정의합니다. type은 문서의 유형을 표시하며 CSS 파일의 경우 "text/css"로 정의합니다. href는 연결할 주소를 표시하며 "style.css" 문서 주소를 정의합니다. 외부 스타일시트는 해당 페이지 바깥에 CSS 문서를 두고 페이지를 다루는 방법으로 페이지 전체의 스타일을 일관성 있게 유지하면서 변경 시에도 일괄적으로 변경되므로 페이지 제작의 효율성을 극대화 할 수 있습니다. 참고로 link 요소를 여러 개 넣음으로써, 여러 CSS 파일을 연결할 수 있습니다. 웹사이트 제작 시 HTML 문서에 CSS를 사용하는 3가지 방법 중 외부스타일시트 방법을 가장 일반적으로 많이 사용하고 있습니다.

❷ 내부 스타일시트

스타일을 적용하고 싶은 HTML 태그 안에서 정의하는 방법입니다.

```
<head>
 <style type="text/css">

  h1 { font-size:14px; }

 </style>
</head>
```

◆ 내부 스타일시트

내부 스타일시트의 type은 문서의 유형을 표시하며 CSS 파일의 경우 "text/css"로 정의합니다.

H1은 주제이며, font-size:14px;은 글자 크기를 14px로 적용한다는 의미입니다.

내부 스타일시트는 해당 페이지 문서 내의 〈head〉와 〈/head〉 사이에 〈style type="text/css"〉 스타일을 적용할 선택자{ 속성 : 속성값 } 〈/style〉을 넣어 스타일을 적용하는 방법입니다. (콜론(:) - 속성과 속성값을 구분, 세미콜론(;) - 선언이 끝났음을 알립니다.

일반적으로 head 요소 안에 style 요소를 넣고, style 요소 안에서 CSS 문서와 동일하게 작성합니다.

HTML 문서마다 스타일을 지정해 주어야 하며, 주로 한 문서에만 스타일을 지정해 줄 때 사용합니다.

❸ HTML 태그 내의 스타일

스타일을 적용하고 싶은 HTML 태그 안에서 정의합니다.

```
<p style="color:red;">HTML 태그내의 스타일 정의 p태그 내의 텍스트 color가 red로 변경됩니다.</p>
```
◆ HTML 태그 내의 스타일 정의

p는 문장을 나타내는 태그이며, style="color:red;"는 <p>와 </p> 사이의 문장 글자색을 빨간색으로 적용한다는 의미입니다.

HTML 태그 내의 스타일은 스타일을 정의하고 싶은 HTML 태그 내에 스타일을 정의하는 방법입니다.

스타일의 일괄변경이 어려워 비효율적이지만 직관적 사용이 가능하다는 장점이 있습니다. 즉 페이지 내에 link나 style 요소를 사용할 수 없을 때 사용합니다.

CSS 규칙 알아보기

CSS의 적용 방법에 대해서 살펴보았습니다. 이번에는 CSS 규칙에 대해서 알아보도록 하겠습니다.

CSS 구문을 이해하기 위해서는 선택자(selector), 속성(property), 속성값(value)를 이해해야 합니다.

CSS의 규칙은 다음과 같습니다.

❶ 선택자(selector)는 html 규칙에 의해 확인할 수 있는 Element(요소) [ex)body, h1, div]이거나 또는 이 Element의 속성을 그룹이름으로 지정하는 class와 id를 의미합니다. Element(요소)는 class와 id로 그룹이름을 지정할 수 있습니다.

예 <div id="abc">abcd</div>일 경우 그룹이름 #abc { color:red; }로 지정 가능합니다.

❷ 중괄호({})는 property(속성)과 value(속성값)형태로 담고 있습니다. 속성과 속성값은 콜론(:)으로 구분하며, 세미콜론(;)으로 각각 구분합니다.

콜론(:)은 속성과 속성값을 구분, 세미콜론(;)은 선언이 끝났음을 표시합니다.

예 선택자{ 속성 : 속성값 ; }

❸ 속성(property)은 선택한 요소에 변경을 정의합니다. 색상, 배경, 위치, 여백, 글꼴 등 많은 변경 값들이 있습니다.

예 h1{ color:색상; font-size:글자크기; }에서 h1은 선택한 요소이며, color와 font-size는 속성(property) 입니다.

❹ 속성값(value)은 선택한 Element의 변경을 정의합니다. Element의 색상, 배경, 위치, 여백, 패딩, 글꼴 등을 정의할 수 있습니다.

예 h1 { color:red; font-size:14px; }에서 h1은 선택한 요소이며, color는 빨간색, font-size는 14px로 적용합니다.

❺ 컬러의 변화를 주기 위해서 #888888와 같은 16진수나 RGB 컬러값 또는 색상 명칭(red, green, blue)으로 입력할 수도 있습니다. 속성값은 위치, 여백, 가로, 세로 크기에 대한 단위를 일반적으로 px, % 등으로 나타낼 수 있습니다.

예를 들면,

```
h1 {
 margin:10px;
 font-family: Arial, sans-serif;
 color:blue;
}
```

◆ CSS 규칙

위 코드는 문단 여백, 글꼴 종류, 색상을 정의하고 있습니다. 주제(h1)의 여백(margin)은 상하좌우 10px, 글꼴(font-family)은 Arial, 색상(color)은 blue로 나타납니다. html 내의 h1 element는 모두 위와 같은 스타일이 적용되며, 다른 CSS가 상위에 선언될 경우 달라 질 수 있습니다.

02 CSS 선택자 알아보기

스타일시트에 선택자(selector)는 가장 중요한 개념입니다.

커스터마이징에 필요한 4가지 CSS 선택자 알아보기
선택자란 CSS를 적용을 위해 선택 해주는 요소입니다. 특정 요소들을 선택하여 스타일을 적용할 수 있습니다. 대표적인 CSS 선택자에는 전체 선택자, 태그 선택자, 클래스 선택자, 아이디 선택자 등이 있으며, 이외에도 가상 클래스 선택자, 복합 선택자, 그룹 선택자 등이 있습니다. 여기서는 워드프레스 커스터마이징에 필요한 전체 선택자, 태그 선택자, 클래스 선택자, 아이디 선택자에 대해서 알아보겠습니다.

❶ 전체 선택자(Universal Selector)
전체 선택자는 페이지 내부의 모든 요소에 CSS 속성이 적용되며, *로 표현됩니다. Margin(바깥 여백)이나 padding(안쪽 여백)에 기본값을 지정하는 사용합니다. 전체 선택자를 사용하면 문서 내의 모든 요소를 읽어 내려가기 때문에 페이지 로딩의 속도가 느려질 수 있습니다. 그렇기 때문에 자주 사용하지 않는 것이 바람직합니다.

```
* { margin:0;}
```
◆ 전체 선택자

❷ 태그 선택자(Tag Selector)
태그 선택자 방식은 HTML 태그에 CSS 속성과 값을 바로 정의하는 방식이며, 문서에 정의한 태그를 입력하면 모두 동일한 형태로 CSS가 적용 됩니다.

```
p { background:blue; color:yellow; }
<p>태그 선택자</p>
```
◆ 태그 선택자

❸ 클래스 선택자

클래스 선택자(Class Selector)는 class 속성값을 가진 HTML 요소를 찾아 선택합니다.

```
.abc { background:green; color:yellow; }
.abcd { background:blue; color:red; }
div.abcd { background:red; color:blue; }

<!-- HTML -->
<p class="abc">클래스 선택자</p>
<p class="abcd">클래스 선택자</p>
<div class="abcd">클래스 선택자</div>
```

◆ 클래스 선택자

클래스 선택자는 선택하려는 속성값 앞에 마침표를 추가한 후 작성합니다. 작성은 선택하려는 속성값 앞에 마침표를 추가해서 작성합니다.

CSS 코드의 첫 번째 스타일 규칙은 'abc'라는 class 속성값을 가진 모든 태그를 선택합니다. (abc 앞에 점(.)은 클래스 선택자의 표기법입니다.)

두 번째 abcd라는 class 속성값을 가진 모든 태그를 선택합니다. 하지만 앞에 div, span, p 태그 등을 붙여주면 스타일 범위를 특정 (div, span, p)태그에 한합니다.

세 번째 스타일의 경우 〈p〉태그 부분은 class 속성값이 두 번째와 같은 abcd임에도 div 태그 때문에 선택되지 않습니다.

❹ 아이디 선택자

아이디 선택자(ID Selector)는 마침표(.) 대신 #을 사용하고, class 속성이 아닌 id 속성을 사용하는 것을 제외하면 클래스 선택자와 매우 유사합니다.

```
#abc { background:green; color:yellow; }
#abcd { background:blue; color:red; }
div#abcd { background:red; color:blue; }

<!-- HTML -->
<p id="abc">아이디 선택자</p>
<p id="abcd">아이디 선택자</p>
<div id="abcd">아이디 선택자</div>
```

◆ 아이디 선택자

클래스 선택자와 아이디 선택자의 차이점

클래스 선택자와 아이디 선택자 중 어떤 선택자를 사용해야 하는지 고민되는 경우가 있는데, 클래스 선택자와 아이디 선택자의 차이점을 이해하면 선택하기가 수월합니다.

❶ 페이지에 반복 사용이 필요할 때는 클래스 선택자, 한 번만 사용될 때는 아이디 선택자를 사용하는 것이 좋습니다. 단, 아이디 선택자는 HTML 문서 내에 하나만 있어야 됩니다.

예 .abc{ background:red; } <p class="abc">abcd</p>와 <span class="abc">abcd</span>
클래스는 p 태그의 abcd와 span 태그의 abcd의 배경 색상이 빨간색으로 중복 적용이 가능합니다.
#abc{ background:red; } #abcd { background:red; } <p id="abc">abcd</p>와 <span id="abcd">abcd</span>
아이디는 p 태그의 abcd와 span 태그의 abcd의 배경 색상이 빨간색으로 변경되지만 id이름을 중복되지 않게 적용합니다.

❷ 클래스 선택자는 색상, 크기 등 자주 변경될 수 있는 곳에 사용되며, 아이디 선택자는 문서 내 위치를 잡을 때 자주 사용됩니다.

예 .abc(color:red; font-size:14px;) <p class="abc">abcd</p>

클래스 선택자 색상, 크기 변경

#abc { float:left; margin:10px; } <p id="abc">abcd</p>
아이디 선택자 위치 변경

❸ 클래스 선택자는 여러 가지 속성값을 가질 수 있습니다. 즉 태그 내 여러 가지 속성을 적용 할 수 있습니다.

예 .abc{ color:red; font-size:14px; } <h1 class="abc">abcd</h1>, <p class="abc">abcd</p>
h1, p 태그에 여러 가지 값을 적용 할 수 있습니다.

❹ 아이디 선택자의 우선순위가 클래스 선택자 보다 높기 때문에 우선 적용되어야 할 스타일은 아이디 선택자로 적용하는 것이 좋습니다.

예 #abc{ background-color:red; } .abc { background-color:red; } <h1 id="abc">abcd</h1>, <p class="abc">abcd</p>
h1이 우선 적용되어야 되기 때문에 h1은 아이디 선택자로 적용합니다.

03 CSS 주석처리

주석이란 프로그램 소소의 내용을 알아보기 쉽게 작성하는 설명글입니다. CSS의 내용이 많아지면 자신이 사용한 CSS를 관리하기 위해 주석을 활용하면 좋습니다. 주석은 보여주기 위한 설명일 뿐 스타일에는 아무런 영향을 끼치지 않습니다. 태그를 수정하거나 다른 사람이 소스를 봤을 때 이해하고 알기 쉽게 하기 위해서 주석처리를 사용합니다.

CSS의 주석처리는 /*로 시작하여 */로 둘러 싸는 것으로 주석을 정의할 수 있습니다.

```
<style>
/*abc 클래스 color를 red로 한다.*/
.abc { color:red; }

</style>

<!-- HTML -->
<p class="abc">abc클래스 color를 red로 한다.</p>
```

◆ CSS 주석처리

.abc { color:red; }는 abc 클래스 color를 red로 한다는 내용을 표시하기 위해 /* */로 둘러 주석처리합니다.

04 CSS 우선순위

CSS를 사용하다 보면 속성이 중복되는 경우가 있습니다. 중복될 경우 내부에서 우선순위에 의해 처리하게 됩니다. 또한 CSS를 이용하여 스타일을 적용한 것을 실제 브라우저에서 보면 선언한 속성값과 다르게 적용될 때가 있습니다. 이러한 경우 우선순위를 정해주어야 합니다.

아래의 표는 CSS의 우선순위를 나타내며 높은 순부터 낮은 순입니다.

명시도	설명	예시
!important	최상위 우선순위, 속성값 뒤에 위치	P { color:blue; !important;}
Inline style	HTML태그 내의 스타일을 정의	⟨p style="color:blue;"⟩⟨/p⟩
아이디 선택자	태그 내 id를 정의 후 스타일 적용	⟨p id="abc"⟩아이디⟨/p⟩ #abc { color:blue; }
클래스 선택자	태그 내 id를 정의 후 스타일 적용	⟨p id="abc"⟩아이디⟨/p⟩ #abc { color:blue; }
태그 선택자	태그에 바로 적용	P { color:blue; }
전체 선택자	요소 전체 적용	* { color:blue; }

예를 들어 동일한 p 태그에 대한 CSS 선언을 해보겠습니다.

첫 번째, CSS 우선순위 명시도 1순위인 !important를 확인해 보겠습니다.

```
<style>
 p { color:red !important; }
 #abc { color:blue; }
 .abcd { color:orange; }
 p { color:gray; }
 * { color:yellow; }
</style>

<body>
 <p style="color:green;">html 문서 내 tag에 style적용 우선순위</p>
 <p id="abc">아이디 선택자 우선순위</p>
 <p class="abcd">클래스 선택자 우선순위</p>
 <p>태그 선택자 우선순위</p>
</body>
```

◆ 1순위 !important 확인

p 태그에 대한 !important ⟹ color값 red, 인라인 스타일 ⟹ color값 green, 아이디 선택자 ⟹ color값 blue, 클래스 선택자 ⟹ color값 orange, 전체 선택자 ⟹ color값 yellow를 각각 적용시켰습니다.

html문서 내 tag에 style적용 우선순위
아이디 선택자 우선순위
클래스 선택자 우선순위
태그 선택자 우선순위

◆ 1순위 !important 브라우저 확인

p 태그 내용 전체가 !important의 색상인 빨간색이 적용되었습니다. !important의 우선순위가 1순위라는 것을 알 수 있습니다.

두 번째, CSS 우선순위 명시도 2순위인 인라인 스타일을 확인해보겠습니다.

```
<style>
/* p { color:red !important; } */
#abc { color:blue; }
.abcd { color:orange; }
p { color:gray; }
* { color:yellow; }
</style>

<body>
<p style="color:green;">html 문서 내 tag에 style적용 우선순위</p>
<p id="abc">아이디 선택자 우선순위</p>
<p class="abcd">클래스 선택자 우선순위</p>
<p>태그 선택자 우선순위</p>
</body>
```

◆ 2순위 인라인 스타일 확인

2순위인 인라인 스타일을 확인하기 위해 1순위인 !important의 스타일에 /* */로 주석처리를 합니다. 주석처리는 스타일을 잠시 적용시키지 않기 위함입니다.

```
html문서 내 tag에 style적용 우선순위

아이디 선택자 우선순위

클래스 선택자 우선순위

태그 선택자 우선순위
```

◆ 2순위 인라인 스타일 브라우저 확인

p 태그 내용 첫 번째 줄이 인라인 스타일 색상인 녹색이 적용되었습니다. 인라인 스타일의 우선순위가 2순위라는 것을 알 수 있습니다.

세 번째, CSS 우선순위 명시도 3순위인 아이디 선택자를 확인해보겠습니다.

```
<style>
/* p { color:red !important; } */
#abc { color:blue; }
.abcd { color:orange; }
p { color:gray; }
* { color:yellow; }
</style>

<body>
<p style="color:green;">html 문서 내 tag에 style적용 우선순위</p>
<p id="abc">아이디 선택자 우선순위</p>
<p class="abcd">클래스 선택자 우선순위</p>
<p>태그 선택자 우선순위</p>
</body>
```

◆ 3순위 아이디 선택자 확인

3순위인 아아디 선택자 스타일을 확인하기 위해 1순위인 !important의 스타일에 /* */로
주석처리를 합니다.

```
html문서 내 tag에 style적용 우선순위
아이디 선택자 우선순위
클래스 선택자 우선순위
태그 선택자 우선순위
```

◆ 3순위 아이디 선택자 브라우저 확인

p 태그 내용 첫 번째 줄이 상위 2순위인 인라인 스타일 색상인 녹색이 적용되었고, 3순위
인 아이디 선택자가 파란색으로 적용되었습니다. 아이디 선택자의 우선순위가 3순위라는
것을 알 수 있습니다.

네 번째, CSS 우선순위 명시도 4순위인 클래스 선택자를 확인해보겠습니다.

```
<style>
 /* p { color:red !important; } */
 /* #abc { color:blue; } */
 .abcd { color:orange; }
 p { color:gray; }
 * { color:yellow; }
</style>

<body>
 <p style="color:green;">html 문서 내 tag에 style적용 우선순위</p>
 <p id="abc">아이디 선택자 우선순위</p>
 <p class="abcd">클래스 선택자 우선순위</p>
 <p>태그 선택자 우선순위</p>
</body>
```

◆ 4순위 아이디 선택자 확인

4순위인 클래스 선택자 스타일을 확인하기 위해 1순위 !important와 3순위 아이디 선택
자 스타일에 /* */로 주석처리를 합니다.

```
html문서 내 tag에 style적용 우선순위
아이디 선택자 우선순위
클래스 선택자 우선순위
태그 선택자 우선순위
```

◆ 4순위 아이디 선택자 브라우저 확인

p 태그 내용 세 번째 줄이 4순위인 클래스 선택자 색상인 오렌지 색상이 적용되었습니다. 두 번째 줄의 아이디 선택자는 클래스 선택자와 속성이 다른 선택자로 연결고리가 없기 때문에 태그 선택자의 색상을 물려받아 회색이 적용되는 것입니다. 세 번째 줄의 클래스 선택자의 우선순위가 4순위라는 것을 알 수 있습니다.

다섯 번째, CSS 우선순위 명시도 5순위인 태그 선택자를 확인해보겠습니다.

```
<style>
 /* p { color:red !important; } */
 /* #abc { color:blue; } */
 /* .abcd { color:orange; } */
 p { color:gray; }
 * { color:yellow; }
</style>

<body>
 <p style="color:green;">html 문서 내 tag에 style적용 우선순위</p>
 <p id="abc">아이디 선택자 우선순위</p>
 <p class="abcd">클래스 선택자 우선순위</p>
 <p>태그 선택자 우선순위</p>
</body>
```

◆ 5순위 아이디 선택자 확인

5순위인 태그 선택자 스타일을 확인하기 위해 1순위 !important, 3순위 아이디 선택자, 4순위 클래스 선택자 스타일에 /* */로 주석처리를 합니다.

html문서 내 tag에 style적용 우선순위
아이디 선택자 우선순위
클래스 선택자 우선순위
태그 선택자 우선순위

◆ 5순위 태그 선택자 브라우저 확인

p 태그 내용 네 번째 줄이 5순위인 태그 선택자 색상인 회색 색상이 적용되었습니다. 두 번째 줄의 아이디 선택자와 세 번째 줄의 클래스 선택자를 주석처리 하였기 때문에 태그 선택자의 색상인 회색이 적용되는 것입니다. 네 번째 줄의 태그 선택자의 우선순위가 5순위라는 것을 알 수 있습니다.

여섯 번째, CSS 우선순위 명시도 6순위인 전체 선택자를 확인해보겠습니다.

```
<style>
  /* p { color:red !important; } */
  /* #abc { color:blue; } */
  /* .abcd { color:orange; } */
  /* p { color:gray; } */
  * { color:yellow; }
</style>

<body>
  <p style="color:green;">html 문서 내 tag에 style적용 우선순위</p>
  <p id="abc">아이디 선택자 우선순위</p>
  <p class="abcd">클래스 선택자 우선순위</p>
  <p>태그 선택자 우선순위</p>
</body>
```

◆ 6순위 전체 선택자 확인

6순위인 전체 선택자 스타일을 확인하기 위해 1순위 !important, 3순위 아이디 선택자, 4순위 클래스 선택자, 5순위 태그 선택자 스타일에 /**/로 주석처리를 합니다.

◆ 6순위 태그 선택자 브라우저 확인

p 태그 내용 두 번째부터 네 번째 줄이 6순위인 전체 선택자 색상인 노란 색상이 적용되었습니다. 두 번째 줄의 아이디 선택자와 세 번째 줄의 클래스 선택자를 주석처리 하였기 때문에 전체 선택자의 색상인 노란색이 적용되는 것입니다. 전체 선택자의 우선순위가 6순위라는 것을 알 수 있습니다.

02 CSS 텍스트 다루기

글꼴(폰트)과 스타일은 워드프레스 CSS의 대부분 이라고 할 수 있을 만큼 많은 비중을 차지하고 있습니다. 그렇기 때문에 워드프레스에서 글꼴과 스타일을 다루는 플러그인들이 많이 생겨나고 있습니다. 하지만 글꼴과 스타일의 기본을 모른다면 활용 범위가 작을 수 밖에 없습니다. 여기서는 텍스트 글꼴과 스타일을 다루는 방법에 대해 알아보겠습니다.

01 글꼴 속성 이해하기

CSS의 Font는 글꼴을 다루는 속성입니다. 글꼴 스타일 속성에는 Font-family, Font-weight, Font-size 총 3가지가 있습니다.

❶ Font-family

❷ Font-weight

❸ Font-size

❶ Font-family 속성

Font-family는 글꼴을 설정하는 속성입니다. 글꼴 설정 방법은 변경하고 싶은 선택자를 선택한 후 "font-family:'글꼴이름'"으로 지정하면 됩니다. 예를 들어, p 태그 안의 텍스트를 고딕글꼴로 변경하고자 하면 "〈p style="font-family:'고딕'"〉텍스트〈/p〉"로 CSS
를 작성하면 됩니다. 여기서는 인라인 스타일로 CSS를 작성하였습니다.

```
<p style="font-family:'고딕';"> 고딕 글꼴 텍스트 </p>
<p style="font-family:'바탕';"> 바탕 글꼴 텍스트 </p>
<p style="font-family:'궁서';"> 궁서 글꼴 텍스트 </p>
```

◆ 글꼴 지정

> 고딕 글꼴
>
> 바탕 글꼴
>
> 궁서 글꼴

◆ 글꼴 지정 확인

❷ Font-weight 속성

Font-weight는 글꼴 굵기를 설정하는 속성입니다. 글꼴 굵기 설정 방법은 변경하고 싶
은 선택자를 선택한 후 "font-weight:굵기;"로 지정하면 됩니다. 예를 들어, p 태그 안
의 텍스트를 굵게 변경하고자 하면 "〈p style="font-weight:bold;"〉굵은굵기의 텍스트
〈/p〉"로 CSS를 작성하면 됩니다.

```
<p style="font-weight:bold;"> 굵은굵기의 텍스트 </p>
<p style="font-weight:normal;"> 보통굵기의 텍스트 </p>
```

◆ 글꼴 굵기 지정

> **굵은굵기의 텍스트**
>
> 보통굵기의 텍스트

◆ 글꼴 굵기 지정 확인

글꼴 굵기의 속성값은 normal, bold, bolder, lighter, 100, 200, 300, 400, 500, 600,
700, 800, 900으로 다양한 방법이 있습니다. 사용자의 기호에 맞게 사용 가능 합니다.
bolder와 lighter는 상대적인 값으로 bolder는 상위에서 상속된 굵기보다 더 굵게,
lighter는 상위에서 상속된 굵기보다 더 얇게 표현합니다.

❸ Font-size 속성

Font-size는 글꼴 크기를 설정하는 속성입니다. 글꼴 크기 설정방법은 변경하고 싶은 선택자를 선택한 후 "font-size:크기;"로 지정하면 됩니다. 예를 들어, p 태그 안의 텍스트 크기를 지정하고자 하면 "<p style="font-size:16px;">16px의 글자크기</p>"로 CSS를 작성하면 됩니다.

```
<p style="font-size:16px;"> 16px 크기의 텍스트 </p>
<p style="font-size:1em;"> 1em 크기의 텍스트 </p>
<p style="font-size:100%;"> 100% 크기의 텍스트 </p>
<p style="font-size:12pt;"> 12pt 크기의 텍스트 </p>
```

◆ 글꼴 크기 지정

16px 크기의 텍스트

1em 크기의 텍스트

100% 크기의 텍스트

12pt 크기의 텍스트

◆ 글꼴 크기 지정 확인

글꼴 크기를 다루는 속성에는 절대값과 상대값이 있습니다.

절대값에는 px, pt, cm, small, medium, large, 상대값에는 em, %, smaller, larger의 속성값이 있습니다.

웹문서에서의 경우 PC와 모바일, 테블릿 등 다양한 장치에서의 크기 조정이 가능한 em 속성을 가장 많이 사용합니다.

em 속성은 글꼴 크기 상속값의 배수로 표현됩니다. 현재 글꼴 크기가 16px이라면, 1em=16px, 2em=32px이 됩니다.

02 스타일 속성 이해하기

Font의 스타일은 폰트에 효과를 넣을 수 있는 속성입니다. 폰트를 더욱 돋보이고 빛나게 만들어주는 폰트 스타일에 대해 알아보겠습니다.

워드프레스에 가장 많이 사용되는 폰트 스타일에는 color, line-height, letter-spacing, text-align, text-decoration 등이 있습니다. 5가지 폰트 스타일에 대해 알아보겠습니다.

❶ color

❷ line-height

❸ letter-spacing

❹ text-align

❺ text-decoration

❶ Color 속성

Color는 폰트 색상을 설정하는 속성입니다. 폰트 색상 설정 방법은 변경하고 싶은 선택자를 선택한 후 "color:색상;"으로 지정하면 됩니다. 예를 들어, p 태그 안의 텍스트 색상을 주고자 하면 "<p style="color:red;"> 빨간색 폰트 색상 적용</p>"로 CSS를 작성하면 됩니다.

```
<p style="color:red;"> 빨간색 폰트 색상적용 </p>
<p style="color:green;"> 초록색 폰트 색상적용 </p>
<p style="color:blue;"> 파란색 폰트 색상적용 </p>
```

◆ 폰트 색상 지정

```
빨간색 폰트 색상적용
초록색 폰트 색상적용
파란색 폰트 색상적용
```

◆ 폰트 색상 지정 확인

❷ Line-height 속성

Line-height는 폰트 라인의 높이를 설정하는 속성입니다. 폰트 라인의 높이를 설정하는 방법은 변경하고 싶은 선택자를 선택한 후 "line-height:간격값;"으로 지정하면 됩니다. 예를 들어, p 태그 안의 폰트 라인의 높이를 주고자 하면 "<p style="line-height:16px;">16px의 높이적용</p>"으로 CSS를 작성하면 됩니다. 다음 소스는 폰트 라인의 높이를 쉽게 확인하기 위해 Background-color(배경색)을 적용하였습니다.

```
<p style="line-height:16px; background-color:yellow;"> 16px의 높이적용 </p>
<p style="line-height:10px; background-color:yellow;"> 10px의 높이적용 </p>
<p style="line-height:30px; background-color:yellow;"> 30px의 높이적용 </p>
```

◆ 폰트 라인 높이 지정

16px의 높이적용

10px의 높이적용

30px의 높이적용

◆ 폰트 라인 높이 지정 확인

❸ Letter-spacing 속성

Letter-spacing은 글자 사이의 간격을 설정하는 속성입니다. 글자 사이의 간격을 설정하는 방법은 변경하고 싶은 선택자를 선택한 후 "letter-spacing:간격값;"으로 지정하면 됩니다. 예를 들어, p 태그 안의 글자 사이의 간격을 주고자 하면 "〈p style="letter-spacing:-1px;"〉-1px의 글자간격 적용〈/p〉"으로 CSS를 작성하면 됩니다.

```
<p style="letter-spacing:0px;"> 0px의 글자간격 적용(일반적인 간격) </p>
<p style="letter-spacing:-1px;"> -1px의 글자간격 적용 </p>
<p style="letter-spacing:1px;"> 1px의 글자간격 적용 </p>
```

◆ 글자 간격 지정

0px의 글자간격 적용(일반적인 간격)

-1px의 글자간격 적용

1px의 글자간격 적용

◆ 글자 간격 지정 확인

❹ Text-align 속성

Text-align은 글자의 정렬을 설정하는 속성입니다. 글자의 정렬을 설정하는 방법은 변경하고 싶은 선택자를 선택한 후 "text-align:정렬값;"으로 지정하면 됩니다. 예를 들어, p 태그 안의 글자를 가운데 정렬 하고자 하면 "〈p style="text-align:center;"〉"글자 가운데 정렬〈/p〉"으로 CSS를 작성하면 됩니다. 다음 소스는 글자 정렬 상태를 쉽게 확인하기 위해 Width(너비), Background-color(배경색)을 적용하였습니다.

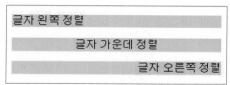

```
<p style="text-align:left; width:300px; background-color:yellow;"> 글자 왼쪽 정렬 </p>
<p style="text-align:center; width:300px; background-color:yellow;"> 글자 가운데 정렬 </p>
<p style="text-align:right; width:300px; background-color:yellow;"> 글자 오른쪽 정렬 </p>
```

◆ 글자 정렬 지정

> 글자 왼쪽 정렬
>
> 글자 가운데 정렬
>
> 글자 오른쪽 정렬

◆ 글자 정렬 지정 확인

❺ Text-decoration 속성

Text-decoration은 글자의 Line(선)을 설정하는 속성입니다. 글자의 선을 설정하는 방법은 변경하고 싶은 선택자를 선택한 후 "text-decoration:설정값;"으로 지정하면 됩니다. 예를 들어, p 태그 안의 글자에 underline(밑줄) 효과를 내고자 하면 "⟨p style="text-decoration:underline;"⟩글자 밑줄 적용⟨/p⟩"으로 CSS를 작성하면 됩니다.

```
<p style="text-decoration:underline;"> 글자의 밑줄적용 </p>
<p style="text-decoration:overline;"> 글자의 윗줄적용 </p>
<p style="text-decoration:line-through;"> 글자의 중앙줄적용 </p>
```

◆ 글자라인 지정

> 글자의 밑줄적용
>
> 글자의 윗줄적용
>
> 글자의 중앙줄적용

◆ 글자라인 지정 확인

03 CSS 색상 및 배경 다루기

웹서핑을 하다 보면 화려한 색상의 웹사이트를 보게 됩니다. 워드프레스에서는 CSS를 이용해 다양한 색을 표현 할 수 있습니다. CSS 색상 중 가장 많은 비중을 차지하고 있는 색상 및 배경 다루는 방법에 대해 알아보겠습니다.

CSS 색상은 색상명, HEX, RGB로 정의합니다.

색상	컬러(color)	HEX color	RGB color
	Black	#000000	RGB(0, 0, 0)
	Red	#fF0000	RGB(255, 0, 0)
	Green	#00FF00	RGB(0, 255, 0)
	Blue	#0000FF	RGB(0, 0, 255)
	Yellow	#FFFF00	RGB(255, 255, 0)
	Cyan	#00FFFF	RGB(0, 255, 255)
	Magenta	#FF00FF	RGB(255, 0, 255)
	Silver	#C0C0C0	RGB(192, 192, 192)
	White	#FFFFFF	RGB(255, 255, 255)

◆ 색상명, HEX, RGB color 정의표

TIP

CSS에서 코드를 확인했고, 활용해야 하는데 색상에 대한 느낌이 오지 않을 때는 컬러핵사 사이트(http://www.color-hex.com)를 방문한 후 상단의 [Get Into] 버튼을 클릭하면 코드의 색상을 확인할 수 있습니다. 또한 선택한 색과 대비되는 보색 등도 알 수 있습니다.

01 색상 속성 이해하기

CSS의 color 속성은 텍스트와 배경을 다룹니다.

텍스트는 color 속성을 이용하여 색상을 자유롭게 변경할 수 있고, 배경은 background-color를 이용하여 색상을 자유롭게 변경할 수 있습니다. 지금부터 이 두 가지의 속성에 대해 알아보겠습니다.

❶ color 속성

Color 속성은 텍스트의 색상을 지정합니다. 기본적으로 값이 상속됩니다.

Color를 이용하여 p 태그 안의 텍스트 색상을 변경해 보겠습니다. p 태그 안의 텍스트 색상을 Red로 변경하고자 하면 "<p style="color:red;">텍스트 색상변경</p>"로 CSS를 작성하면 됩니다.

```
<p style="color:red;"> 텍스트 red색상 변경 </p>
<p style="color:green;"> 텍스트 green색상 변경 </p>
<p style="color:blue;"> 텍스트 blue색상 변경 </p>
```
◆ 텍스트 색상 지정

텍스트 **red**색상 변경

텍스트 **green**색상 변경

텍스트 **blue**색상 변경

◆ 텍스트 색상 지정 확인

문단의 일부만을 지정하려면 span 태그를 활용하면 됩니다. 문단의 전체를 지정하지 않고 문단의 일부만을 변경할 수 있습니다.

```
<p> 문단의 전체를 지정하지 않고 <span style="color:red;"> 문단의 일부만을 변경 </span> 할 수 있습니다. </p>
```
◆ 문단의 일부만 색상 지정

문단의 전체를 지정하지 않고 문단의 일부만을 변경 할 수 있습니다.

◆ 문단의 일부만 색상 지정 확인

02 배경 속성 이해하기

배경의 스타일은 CSS의 배경 속성(Background-color)으로 색상을 지정할 수 있습니다. 배경 속성은 디자인에 어울리는 색상으로 더욱 돋보이고 빛나게 만들어 줍니다.

❶ Background-color 속성

Background-color는 배경 색상을 설정하는 속성입니다. Background-color 속성을 이용하면 자신이 원하는 색상을 넣을 수 있습니다. 특히 웹사이트 내에 전체적인 배경을 넣거나, 특정 부분에 배경을 넣기 위해서 사용되며, 또한 특정 부분에 반복적인 이미지 작업을 하는 경우에도 사용합니다.

div 태그 안의 background-color 속성을 이용해 회색 색상을 넣어보겠습니다.

```
<div style="width:200px; height:100px; background-color:grey;"> 배경색상 적용 </div>
```
◆ 배경 색상 지정

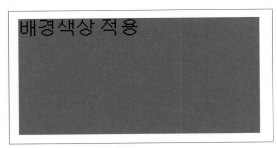

◆ 배경 색상 지정 확인

배경 색상을 회색으로 적용해 보았습니다. 그러나 시각적으로 좋은 느낌을 주지 않기 때문에 앞에서 배운 Text, line-height, color 속성을 이용하여 좀 더 보기 좋게 변경해 보겠습니다.

```
<div style="width:200px; height:100px; background-color:grey; text-align:center; line-height:100px;
color:white;"> 배경색상 적용 </div>
```
◆ 텍스트 정렬, 높이, 색상 변경

◆ 텍스트 정렬, 높이, 색상 변경 확인

3가지 태그를 가지고 간단하게 변경해보았습니다. 앞에서 배운 CSS를 가지고 이렇게 활용 할 수 있습니다. 색상값에는 색상명(color name)과 HEX코드(색상을 16진수로 변환한 코드), RGB값을 사용 할 수 있다는 점을 잊지 마시길 바랍니다.

04 CSS 레이아웃 다루기

페이지에 콘텐츠(글, 이미지)들이 길게 한 줄로만 나온다면 사용자가 브라우저 창을 최대화 했을 때 콘텐츠를 보거나 읽기가 불편해집니다. 문장이 끝날 때마다 다음 줄로 이동하기 위해서는 스크롤 바를 굉장히 멀리 이동해야 되기 때문입니다.

모바일, 테블릿, PC의 모니터 화면 크기가 제 각각인 최근의 IT기기 환경에는 이러한 사용자 관점에서 레이아웃을 깔끔하게 정리할 필요가 있습니다.

CSS의 레이아웃에는 무궁무진한 태그와 기술들이 있습니다. 그 중 이 섹션에서는 워드프레스에서 가장 많이 사용되는 Border(외곽선), Margin(바깥여백), Padding(안쪽여백), Float(흐름) 속성을 이용하여 사용자가 보기 편한 레이아웃을 자유롭게 다뤄보도록 하겠습니다.

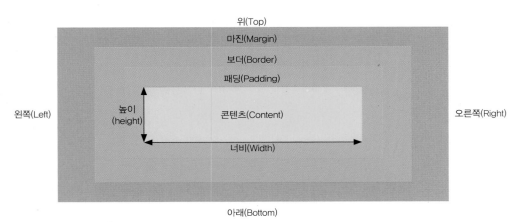

◆ CSS 레이아웃 이미지

위의 이미지(Box model 속성)를 전체적으로 이해할 필요가 있습니다.

- 콘텐츠(Content) : 이미지나 텍스트로 구성된 콘텐츠 영역입니다.
- 패딩(Padding) : 콘텐츠와 보더(경계선) 사이의 여백입니다.
- 보더(Border) : 영역의 경계선입니다.
- 마진(Margin) : 콘텐츠의 가장 바깥의 여백입니다.

01 경계선 속성 이해하기

Border는 영역의 경계선을 나타냅니다. Border 속성을 이용하면 원하는 경계선을 지정할 수 있습니다. Border 속성을 이용하여 경계선을 나타내보겠습니다.

```
<div style="width:400px; border:1px solid gray;"> 1px solid gray의 경계선(border)을 적용 </div>
```

◆ Border 경계선 적용

1px solid gray의 경계선(border)를 적용

◆ Border 경계선 적용 확인

1px solid gray 회색의 1픽셀 라인 경계선을 적용해 보았습니다. border-width:1px; border-color:gray; border-style:solid; 이렇게 하나씩 적용해도 좋습니다. 위의 표현방식은 가장 기본적인 방식입니다. Border 속성에는 Border-width, Border-style, Border-color의 속성 방식이 있습니다.

- Border-width : 보더의 굵기를 나타냅니다.
- Border-style : 보더의 모양을 나타냅니다.
  [dotted(점선), dashed(파선), solid(실선)]
- Border-color : 보더의 색상을 나타냅니다.

위의 border 속성을 가지고 다양한 border를 나타내보겠습니다.

```
<div style="width:400px; border-width:5px; border-style:dotted; border-color:gray;"> 점선 표현 방식 </div>
<div style="width:400px; border-width:2px; border-style:dashed; border-color:gray;"> 파선 표현 방식 </div>
<div style="width:400px; border-width:1px; border-style:solid; border-color:gray;"> 실선 표현 방식 </div>
```

◆ 보더의 다양한 표현방식

```
점선 표현 방식 ••••••••••••••••••••••••••••••••••••••••••••••••••••••••••••••
파선 표현 방식 - - - - - - - - - - - - - - - - - - - - - - - - - - - - - - - -
실선 표현 방식
```

◆ 보더의 다양한 표현방식 확인

02 여백 속성 이해하기

마진(Margin)과 패딩(Padding)은 레이아웃의 핵심입니다. 어떤 사이트를 방문하더라도
사이트에 콘텐츠가 서로 붙어있고 화면 가득 채워 있다면 많이 답답해 보일 것입니다. 최
근 IT 환경의 발달로 IT기기 사용자들은 주로 모바일과 테블릿을 많이 사용합니다. 모바
일과 테블릿의 특성상 터치를 많이 이용하는데 콘텐츠들이 붙어있으면 잘못 터치하는 경
우가 생기기 마련입니다. 적당한 여백을 주어 이러한 경우가 없도록 해주어야 합니다. 이
러한 여백을 주기 위해 사용되는 것이 마진과 패딩입니다.

Margin 속성

마진(Margin)은 콘텐츠와 콘텐츠 사이의 여백을 설정하는 속성입니다. 마진 속성을 이용
하면 자신이 원하는 여백을 넣어 줄 수 있습니다. p 태그와 p 태그 사이의 margin 속성
을 이용하여 여백을 넣었을 때와 넣지 않았을 때를 비교해보겠습니다.

❶ 마진을 넣지 않을 경우

```
<p style="width:200px; height:100px; background-color:red; margin:0px;"> 마진 여백 넣지 않을경우 </p>
<p style="width:200px; height:100px; background-color:yellow; margin:0px;"> 마진 여백 넣지 않을경우 </p>
```

◆ 마진을 넣지 않았을 때

◆마진을 넣지 않았을 때 결과 확인

마진을 넣지 않았을 경우 위 보기와 같이 두 콘텐츠 사이의 여백이 전혀 없어 붙어있는 모양을 볼 수 있습니다.

❷ 마진을 넣을 경우

```
<p style="width:200px; height:100px; background-color:red; margin:20px;"> 마진 여백 넣을경우 </p>
<p style="width:200px; height:100px; background-color:yellow; margin:20px;"> 마진 여백 넣을경우 </p>
```
◆ 마진을 넣지 않았을 때

아래의 보기는 마진을 넣어서 여백을 넣어 사이 간격이 떨어져 있음을 볼 수 있습니다. 콘텐츠 사이가 붙어야 되는 경우를 제외하고는 margin을 이용하여 여백을 넣어주는 것이 좋은 방법이라고 할 수 있습니다. 마진의 속성값을 넣는 방법은 margin-top, margin-right, margin-bottom, margin-left 또는 축약하여 표기가 가능합니다. 순서는 top, right ,bottom, left의 시계방향 순입니다. 단위는 px(픽셀), em, in(인치), cm(센티미터), pt(포인트), %(퍼센트) 값을 사용할 수 있지만 대부분 px, em, % 단위로 사용합니다.

◆마진을 넣었을 때 결과 확인

Padding 속성

패딩(Padding)은 콘텐츠와 보더(border) 사이의 여백을 설정하는 속성입니다. padding 속성을 이용하면 자신이 원하는 여백을 넣어 줄 수 있습니다. p 태그와 p 태그 사이의 padding 속성을 이용하여 여백을 넣었을 때와 넣지 않았을 때를 비교해보겠습니다.

❶ 패딩을 넣지 않을 경우

다음은 패딩값이 0(padding : 0px;)인 상태입니다.

```
<div style="width:200px; height:100px; background-color:red; padding:0px;"> 패딩 여백을 넣지 않을 경우 </div>
```

◆ 패딩 여백을 넣지 않을 경우

◆패딩 여백을 넣지 않을 경우 결과 확인

❷ 패딩을 넣었을 경우

다음은 패딩값이 20(padding : 20px;)인 상태이며, 콘텐츠와 보더(border)의 여백을 주었습니다.

```
<div style="width:200px; height:100px; background-color:red; padding:20px;"> 패딩 여백을 넣을경우 </div>
```

◆ 패딩 여백을 넣을 경우

◆패딩 여백을 넣을 경우 결과 확인

03 플로트 속성 이해하기

플로트(Float)는 현재 행의 왼쪽이나 오른쪽으로 밀려나는 박스 형태입니다. 플로트의 흥미로운 점은 다른 콘텐츠가 그 주위로 흐른다는 것입니다. 주위 콘텐츠는 왼쪽으로 플로트된 박스의 오른쪽을 따라, 또는 오른쪽으로 플로트된 박스의 왼쪽을 따라 흘러내립니다.

플로트는 left, right, inherit, none 등 4가지 값을 사용할 수 있습니다. left, right, inherit, none 값을 보면 무슨 뜻인지 쉽게 알 수 있습니다. 예를 들어, 요소에 float:left;를 지정하면 그 요소는 부모 요소의 왼쪽으로 갑니다. float:right;도 마찬가지로, 부모 요소의 오른쪽으로 갑니다. inherit는 부모 요소의 float 속성을 그대로 물려받는다는 의미입니다. none은 요소가 플로트 되지 않는다는 뜻이며, 기본값 속성입니다.

❶ 플로트(float)를 사용하지 않은 레이아웃

```
<img style="width:150px; height:100px;" src="picture.jpg">
<h1 style="font-size:14px; color:gray;"> 플로트(Float)를 사용하지 않은 레이아웃 </h1>
```

◆ 플로트를 사용하지 않은 레이아웃

◆플로트를 사용하지 않은 레이아웃 결과 확인

❷ 플로트(float)를 사용한 레이아웃

```
<img style="width:150px; height:100px; float:left;" src="picture.jpg">
<h1 style="font-size:14px; color:gray;"> 플로트(Float)를 사용한 레이아웃 </h1>
```

◆ 플로트를 사용한 레이아웃

◆플로트를 사용한 레이아웃 결과 확인

위 그림에서 보는 것과 같이 플로트를 사용하지 않은 레이아웃은 텍스트가 이미지 아래로 배치되었고, 플로트를 사용한 레이아웃은 이미지 오른쪽에 배치가 되어있는 것을 확인 할 수 있습니다.

이러한 레이아웃 배치는 이미지 좌우로 텍스트가 배치된 잡지나 신문에서 볼 수 있습니다. HTML과 CSS에서는 텍스트가 플로트 속성이 들어간 이미지 주위로 흐릅니다. 플로트 속성을 사용해서 2단, 3단 레이아웃을 만들 수도 있습니다. 플로트 속성을 잘 이해하면 어떤 레이아웃이든 만들 수 있습니다

워드프레스가 뿌리라고 한다면 테마와 플러그인은 줄기이고 이미지와 텍스트는 열매라고 할 수 있습니다. 그 중 플러그인은 웹사이트의 제작의도에 따라 테마에 잘 맞는 기능을 갖고 있는 것을 사용해야 합니다. 간혹 플러그인과 테마가 충돌하는 경우가 있는데 이러한 충돌을 여러 번 경험하다 보면 플러그인 선택의 중요성을 몸소 느낄 수 있습니다.

이 장에서 다국어, 회원, 게시글 복사, 콘텐츠 복제 방지, 배너 만들기, 프린트&PDF 변환, 속도 최적화, 브라우저 호환경고창, 소스 편집기, 네이버 블로그 연동, 반복 페이지 관리, 웹사이트 로그 분석, 웹사이트 보안 강화하기 등 테마에서 활용 할 수 있는 대표적인 플러그인을 설치하고 적용시켜보도록 하겠습니다.

CHAPTER
03

커스터마이징 베스트 플러그인 13

01 WPML 플러그인으로 다국어 사이트 구현하기

전 세계 웹사이트의 1/6이 워드프레스를 사용하고 있습니다. 글로벌 기업이라면 전세계 어디서나 접속이 가능하고 누구나 볼 수 있는 다국어 웹사이트가 필수적입니다. 일반적으로 국어, 영어, 일어, 중국어 등 다국어 사이트를 제작하려면 언어별 페이지를 따로 제작하는 불편함과 어려움이 뒤따릅니다. 하지만 WPML 플러그인(다국어 플러그인)을 활용하면 간편하고 제작기간도 단축할 수 있습니다. WPML은 전 세계적으로 인기를 끌고 있는 다국어 플러그인입니다. WPML은 영어, 중국어, 일본어, 스페인어, 프랑스어, 독일어, 이탈리아어 등의 60개 이상의 언어가 지원됩니다.

지금부터 WPML 플러그인에 대해 자세히 알아보도록 하겠습니다.

01 WPML 플러그인 구매하기

WPML은 제공되는 기능에 따라서 3가지 버전이 제공되는 유료 플러그인 입니다. 버전에 따라 기능, 지원기간 등이 상이하기 때문에 구매 전 충분히 검토한 후 구매합니다.

01 WPML 플러그인 사이트(http://wpml.org)에 접속한 후 구매와 다운로드를 하기 위해 메인화면에서 [Buy and Download(구매하기)] 버튼을 클릭합니다.

◆ WPML 사이트 접속 구매하기 클릭

02 다음과 같은 구매하기 페이지로 이동합니다. WPML은 Multilingual Blog, Multilingual CMS, Multilingual CMS Lifetime 총 3가지의 유료 상품이 있습니다. Multilingnal CMS 상품은 연간 갱신이 필요합니다. 본인에 맞는 상품을 선택하기 바랍니다. 필자는 Free updates와 모든 사이트에서 사용이 가능한 Multilingual CMS Lifetime $195의 상품으로 구매하겠습니다. [$195(USD)-Buy now] 버튼을 클릭합니다.

◆Multilingual CMS Lifetime 구매

03 Multilingual CMS Lifetime 결제신청 안내페이지가 나옵니다.

- Your name : First Name(이름) Last Name(성)을 입력합니다.
- Your E-Mail : 사용자의 이메일 주소를 입력합니다.

04 Checkout이 없기 때문에 PayPal(페이팔)로 구매해보도록 하겠습니다. 'PayPal' 라디오 버튼을 선택한 후 [Proceed to PayPal] 버튼을 클릭합니다.

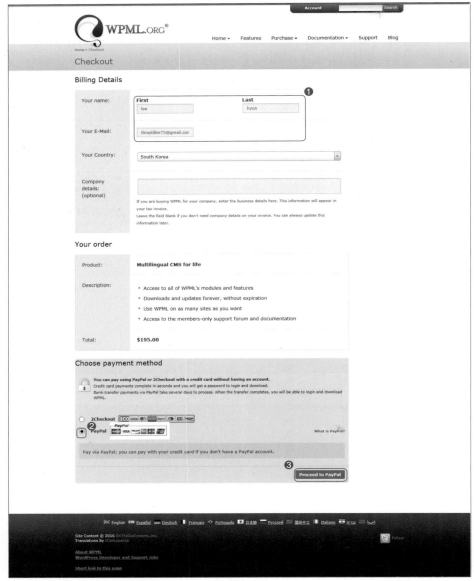

◆Multilingual CMS Lifetime 결제신청 안내페이지

05 Paypal 결제 페이지가 나오면 각 항목을 설정합니다. Country(국가)는 South Korea, 카드번호, 카드 유효기간, CSC, 성명, 주소, 연락처, 이메일 등 테마 구매에 필요한 정보를 입력한 후 [Pay(결제)] 버튼을 클릭합니다. 카드에 대한 정보를 기입하여 구매비용을 결제하면 WPML 플러그인을 다운받을 수 있습니다. WPML 플러그인 구매가 완료되었습니다.

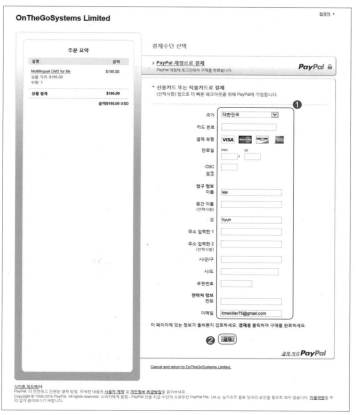

◆ paypal 결제

TIP

WPML의 경우 GPL라이선스로 구매한 플러그인의 소스 코드 변경 등이 허용되며 사이트 도메인에 제한이 없습니다. 즉 하나의 플러그인 라이선스를 유료로 구매하면 라이선스 기간 동안 사이트의 제한 없이 여러 사이트에서 사용할 수 있습니다

02 WPML 플러그인 다운로드 및 설치하기

WPML 플러그인을 다운로드 후 설치해보겠습니다.

01 플러그인 결제 시 입력한 이메일 주소로 "Your new account in WPML is ready" 제목의 메일이 전달된 것을 확인 할 수 있습니다. 메일 내용에서 'https://wpml.org/account/' 링크를 클릭한 후 로그인 합니다.

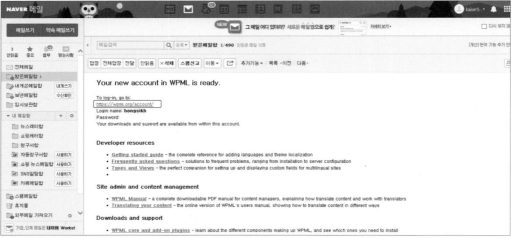

◆ Your new account in WPML is ready 메일 확인

02 로그인하면 Account 페이지가 나옵니다. 플러그인 다운로드를 하기 위해 [Downloads] 박스를 클릭합니다.

◆ Account 페이지 확인

03 WPML 플러그인은 WPML Multilingual CMS, WPML String Translation, WPML Translation Management, WPML Sticky Links, WPML Translation Analytics 등 여러 가지 종류의 플러그인이 있습니다. 기본적인 기능을 사용하기 위해 WPML Multilingual CMS를 다운로드 합니다.

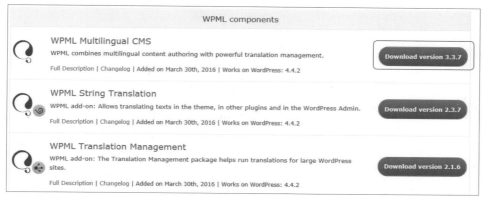

◆ 3가지 기본 플러그인 다운로드

04 다운로드한 플러그인을 설치해보도록 하겠습니다. 알림판에서 '플러그인–플러그인 추가하기' 메뉴를 클릭한 후 [플러그인 업로드] 버튼을 클릭합니다.

◆ 플러그인 업로드

05 [파일 선택] 버튼을 클릭합니다. '열기' 창이 나타나면 다운로드한 플러그인 파일을 각각 업로드 후 [지금 설치하기]를 클릭합니다.

◆ 플러그인 파일 업로드

06 sitepress—multilingual—cms 설치가 완료되면 '플러그인을 활성화'를 클릭합니다.

◆ WPML 플러그인 활성화

07 '플러그인-설치된 플러그인' 메뉴를 클릭합니다. 설치된 플러그인 리스트 중 sitepress—multilingual—cms [구독을 구매하거나 기존 사이트 키를 입력하십시오] 텍스트 버튼 클릭합니다.

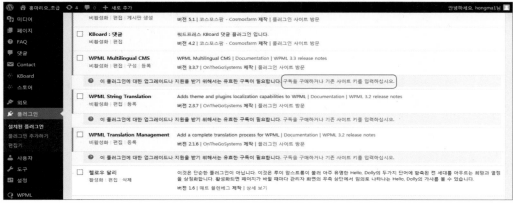

◆ WPML 플러그인 사이트 키 입력

08 [WPML 등록] 버튼 클릭하면 사이트 입력창이 나타납니다.

◆ WPML 등록

09 사이트 키를 확인하기 위해 'WPML-Account(wpml.org/account/sites)'페이지로 이동합니다.
Key의 show key를 클릭하면 사이트 키를 확인할 수 있습니다.

◆ 사이트 키 확인하기

10 사이트 키 입력 상자에 사이트 키를 입력하고 [확인] 버튼을 클릭합니다.

◆ WPML 사이트 키 입력

11 WPML 사이트 키 입력 완료 화면이 나타납니다.

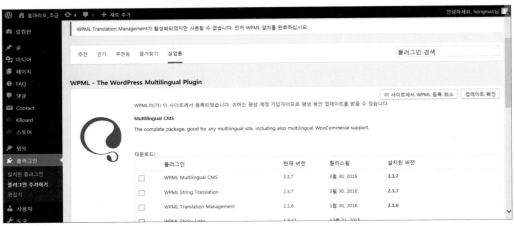

◆ WPML 사이트 키 입력 완료 화면

12 사이트키 입력이 완료되었습니다. 이제 설정에서 언어를 설정해 보겠습니다.

03 WPML 플러그인 셋팅하기

다국어 플러그인을 이용하여 한국어와 영어 두 가지 언어를 설정해 보겠습니다.

01 알림판에서 'WPML-언어' 메뉴를 클릭합니다.

◆ WPML 셋팅하기

02 다른 언어를 추가하기 전에 기존 컨텐츠의 언어, 즉 현재 워드프레스에서 포스트(글), 페이지 등이 어떠한 언어로 기술되어 있는지 현재 컨텐츠에 대한 언어를 선택합니다. 여기서는 한국 어를 선택한 후 [다음] 버튼을 클릭합니다.

◆ 기존 컨텐츠의 언어 설정

03 사이트에 추가로 사용할 언어를 선택합니다. WPML은 복수의 언어가 지원되므로 4∼5개 이상의 언어도 지원하여 만들 수 있습니다. 이 사이트에서는 한국어와 영어를 사용할 것이기 때문에 영어의 체크 박스를 선택한 후 [다음] 버튼을 클릭합니다.

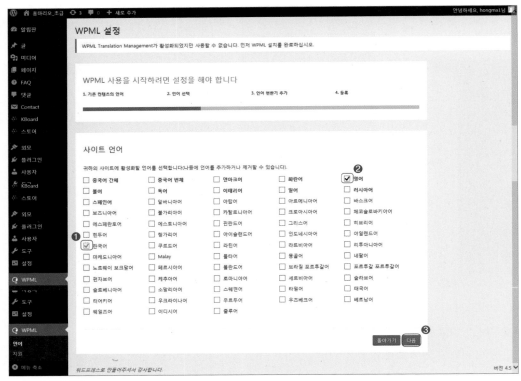

◆ 사이트 언어선택

04 언어 변환기 추가에서는 변환기 옵션값을 설정할 수 있습니다. 이후에 옵션값을 설정할 것이므로 기본상태에서 [다음] 버튼을 클릭합니다.

TIP 　언어 변환기란?

웹사이트에서 각 언어별로 이동할 수 있도록 생성되는 '링크 위젯'을 의미합니다. 일반적으로 사이트 상단 또는 하단의 "한국어 | English | Japanese"와 같은 메뉴를 언어 변환기로 이용하여 만듭니다.

◆ 언어 변환기 추가

05 WPML 플러그인을 사용하기 위한 사이트 키를 입력합니다. 인증키를 받기 위해서는 하단 [Generate a key for this site] 버튼을 클릭하여 인증키 페이지로 이동합니다. 하지만 플러그인 설치 시 이미 사이트 키를 입력한 상태입니다. [완료] 버튼을 클릭하면 옵션 설정값이 완료됩니다.

◆ 사이트 인증키 입력

06 WPML을 설정합니다. WPML 설정에는 사이트언어, 언어 URL형식, 언어 변환기 옵션, 관리자 언어 등 다양한 설정이 있습니다. 그 중 언어 변환기 옵션 설정으로 메인페이지 상단에 가로로 언어 국기를 넣어 보도록 하겠습니다.

메인페이지 상단에 국기를 넣기 위해 언어 변환기 위젯 중간부분의 〈?php do_action('wpml_add_language_selector'); ?〉를 복사합니다.

언어 변환기 옵션	언어 변환기 위젯
	☐ Left Sidebar
	☐ Right Sidebar
	☐ Business Page Section
	☐ Business Page Our Clients Section
	☐ Contact Page Sidebar
	☐ Footer - Column1
	☐ Footer - Column2
	☐ Footer - Column3
	이 PHP 코드: `<?php do_action('wpml_add_language_selector'); ?>` 을(를) 삽입하거나 위젯으로 드롭다운 언어 변환기를 테마에 추가할 수 있습니다.
	언어 목록 또는 국기와 같이 사용자 정의 언어 변환기를 만들 수도 있습니다. 사용자 정의 언어 변환기 생성 가이드.
	☐ 위젯 제목으로 '언어' 표시
	저장

◆ 언어 변환기 옵션 설정

언어 변환기 스타일은 언어 목록(가로), 언어 변환기에 포함할 항목은 국기를 선택합니다. 선택이 완료되면 하단의 [저장] 버튼을 클릭합니다.

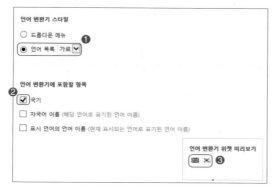

◆ 언어 변환기 옵션 설정

07 '알림판–외모–테마편집기' 메뉴를 선택한 후 템플릿 영역에서 헤더(header.php) 파일을 선택합니다.

◆ 테마편집기 header.php 선택

08 header.php 편집기 창에서 〈header id="branding" 〉 밑에 복사한 "〈?php do_action('wpml_ add_language_selector'); ?〉"를 추가한 후 [파일 업데이트(Update File)] 버튼을 클릭합니다.

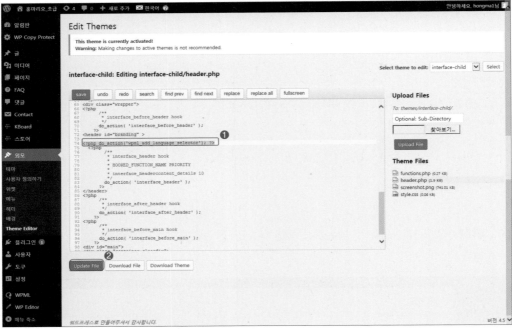

◆ 〈?php do_action('wpml_add_language_selector'); ?〉추가

09 메인페이지 상단의 다국어 국기 표시가 완료된 것을 확인 할 수 있습니다.

◆ 다국어 국기 표시

10 다국어 메뉴를 상단 메뉴에 적용하기 위해 알림판에서 'WPML−언어' 메뉴를 클릭합니다.

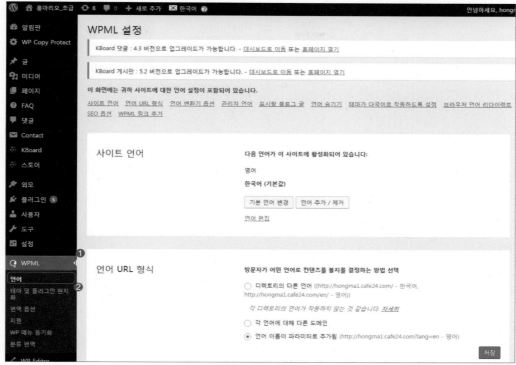

◆ WPML 메뉴 설정하기

11 WPML 설정 페이지 중간 부분 언어 변환기 옵션에서 'WP 메뉴에 언어 변환기 표시' 체크박스
를 선택합니다.

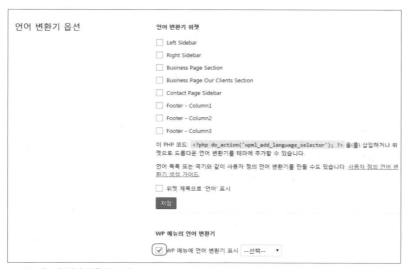

◆ WP 메뉴에 언어 변환기 표시

12 WP 메뉴에 언어 변환기 표시에서 'wp 메뉴에 언어 변환기 표시' 라디오 버튼을 클릭하고, wpn menu 메뉴 선택합니다. 언어 변환기 스타일의 '드롭다운 메뉴' 라디오 버튼을 클릭하고 '클래식'을 선택하며, '자국어 이름' 체크박스를 선택합니다.

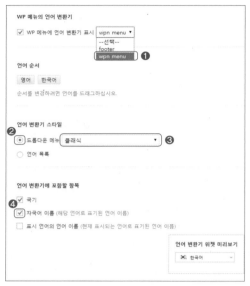

◆ WP 메뉴에 언어 변환기 표시

13 [저장] 버튼을 클릭하면 모든 설정 작업이 완료됩니다.

◆ WP 메뉴에 언어 변환기 표시

14 WPML 메뉴 적용 상태를 확인합니다. 번역본이 있을 경우만 언어 메뉴가 보여집니다. 번역본이 있는 'COMPANY' 메뉴의 회사소개 페이지에서 확인해 봅니다.

◆ WPML 메뉴 적용 화면

04 한글 회사소개 페이지를 영문으로 적용하기

한글 회사소개 페이지를 영문으로 번역하여 영문페이지로 대체하는 작업을 진행해 보겠습니다.

01 회사소개 페이지 번역을 위해서 알림판에서 '페이지-모든 페이지' 메뉴를 선택한 후 회사소개 페이지를 선택합니다.

◆ 회사소개 페이지 선택

02 회사소개 페이지 오른쪽 중간 언어 설정탭에서 직접 번역의 번역추가 아이콘(+)을 클릭합니다.

◆ 회사소개 페이지 선택

03 페이지설정, 특성이미지, 글 내용을 전부 옮겨오기 위해 [한국어 컨텐츠로 덮어씁니다.] 버튼
을 클릭합니다.

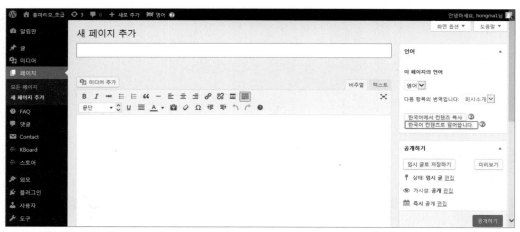

◆ 제목, 내용 영문으로 번역

TIP 번역 옵션

페이지 언어의 번역 옵션은 다음과 같이 두 가지가 있습니다.
❶ 원본(한국어) 페이지 콘텐츠의 번역 페이지로서 각 번역 언어에 맞는 콘텐츠를 입력하는 옵션입니다.
❷ 원본(한국어) 페이지 콘텐츠의 번역 페이지이지만 원본 콘텐츠와 동일한 콘텐츠를 보여줍니다.

[한국어 콘텐츠로 덮어씁니다] 버튼을 클릭하면 해당 콘텐츠는 원본 페이지의 콘텐츠와 동일해지면 추후 원본 콘텐
츠가 새로운 내용으로 편집되어도 번역 페이지에도 그 내용이 그대로 적용 됩니다.

04 [독립적으로 번역] 버튼을 클릭하여 복사 완료 후 제목, 내용을 영문으로 대체합니다.

◆ 독립적으로 번역

05 [업데이트] 메뉴를 클릭하여 저장합니다.

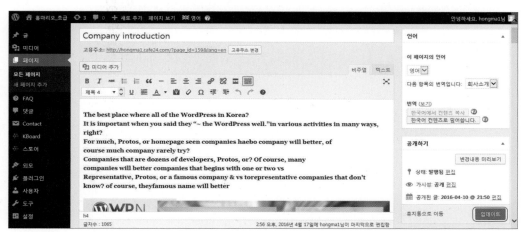

◆ 제목, 내용 영문으로 번역

06 회사소개 페이지에서 상단 영국 국기 아이콘을 클릭하면 한글에서 영문으로 번역되는 것을 확인할 수 있습니다.

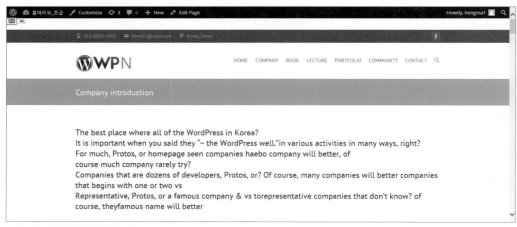

◆ 회사소개 페이지 영문번역 확인

WPML 플러그인은 열려있는 페이지의 번역 페이지를 바로 확인 할 수 있으며, 한국어, 영어 등 멀티사이트를 이용하지 않아도 다국어 웹사이트 구현이 가능합니다.

02 WP-Members 플러그인으로 회원제 사이트 만들기

WP-Members는 여러분의 사이트를 회원제(회원가입, 로그인)로 운영할 수 있게 만들 수 있는 무료 플러그인 입니다. WP members 플러그인은 콘텐츠 접근제한, 사용자 필드생성, 약관 및 정책, 가입 알림기능, 캡차, 슬라이드바 로그인 위젯 등의 기능이 있습니다.

❶ 사이트 각각의 페이지와 글을 회원에게만 오픈할 수 있습니다.
❷ 비회원에게는 특정 페이지만 오픈 할 수 있습니다.
❸ 회원들만 접근이 가능한 게시판을 만들 수 있습니다.
❹ 비회원에게 글은 보여지고, 회원만 글을 쓸 수 있는 게시판을 만들 수 있습니다.

관리자의 운영 목적에 맞게 회원제 운영이 가능한 WP members 플러그인을 알아보도록 하겠습니다.

01 wp-members 플러그인 설치하기

01 알림판에서 '플러그인-플러그인 추가하기' 메뉴를 선택한 후 검색창에 wp-members를 입력하여 검색합니다.

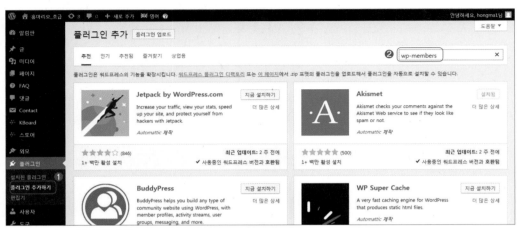

◆ wp-members 플러그인 검색

02 검색된 wp-members 플러그인 목록에서 가장 처음에 보이는 'wp-members'의 우측 상단에 있는 [지금 설치하기] 버튼을 클릭하여 플러그인 설치를 진행합니다.

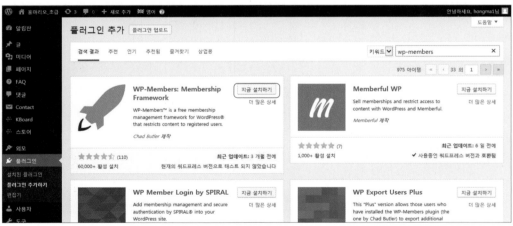

◆ wp-members 플러그인 목록

03 설치된 wp-members 플러그인의 '플러그인을 활성화'를 클릭하여 활성화시킵니다.

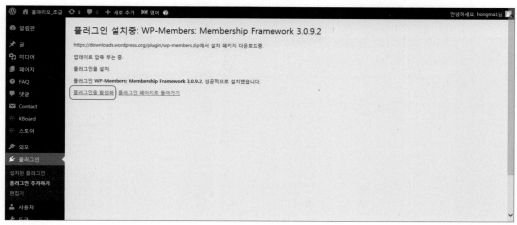

◆ wp-members 플러그인 활성화

02 wp-members 플러그인 셋팅하기

wp-members 플러그인 설치가 완료 되었습니다. 이번에는 wp-members 플러그인을 설정해 보겠습니다.

01 알림판에서 '설정-wp-members' 메뉴를 선택합니다.

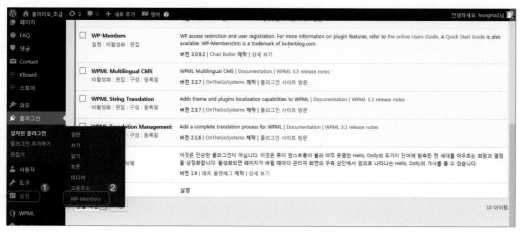

◆ wp-members 메뉴

02 wp-members 옵션을 설정합니다. wp-members 옵션에 대해 알아보겠습니다.

❶ wp-members 옵션 : wp-members의 기능 정의 및 사용 전반에 대한 옵션 페이지입니다.

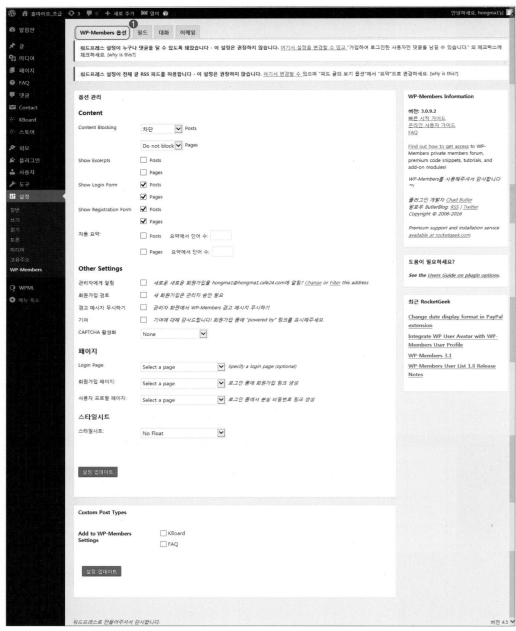

◆ wp-members 옵션

❷ 필드 : 회원가입 시 입력 받을 회원정보 필드 추가 및 삭제하는 옵션 페이지입니다.

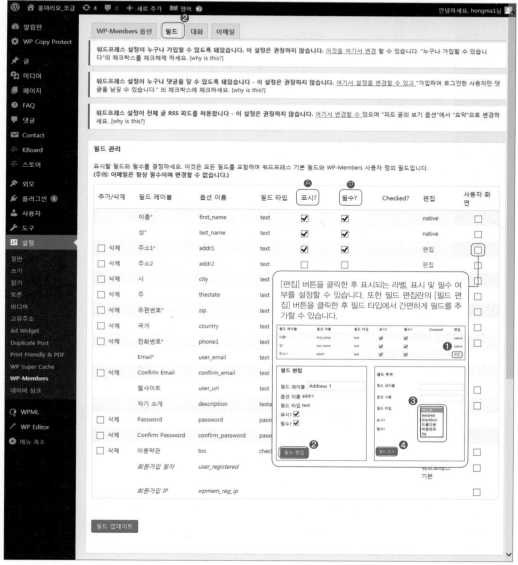

◆ wp-members 필드

일반적으로 회원가입 때 필요한 항목들인 이름, 성, 주소, 우편번호, 전화번호, E-mail 등을 체크합니다. '표시(❹)' 항목들은 회원가입 시 보여주는 설정이며, '필수(❺)' 항목들은 정보를 입력해야 회원가입이 가능한 설정입니다.

행을 선택하여 위아래로 이동하면 순서를 변경할 수 있습니다.

❸ 대화 : 로그인 정보가 불일치 할 경우 에러 메시지를 설정하는 페이지입니다.

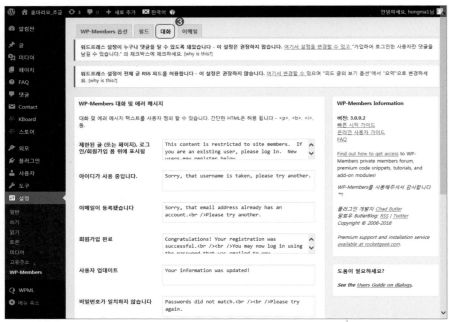

◆ wp-members 대화

❹ 이메일 : 회원가입, 비밀번호 변경 이벤트 발생시 사용자에게 메일로 결과를 피드백하는 메일폼 메시지 설정 페이지입니다.

◆ wp-members 이메일

03 푸터 슬라이더에 wp-members 플러그인 적용하기

지금부터 로그인 및 회원가입 적용하기 실습을 진행합니다.

페이지를 생성한 후 회원가입 숏코드를 입력하여 적용합니다. 다음 주소에 접속하면 숏코드 값을 알 수 있습니다.

• 제공 숏코드 : http://rocketgeek.com/plugins/wp-members/quick-start-guide/4/

다음과 같이 숏코드 값(Ⓐ)을 확인 할 수 있습니다.

- 사용자 프로필 : [wp-members page="user-profile"]
- 회원가입 : [wp-members page="register"] or [wpmem_form register]
- 로그인 : [wp-members page="login"] or [wpmem_form login]

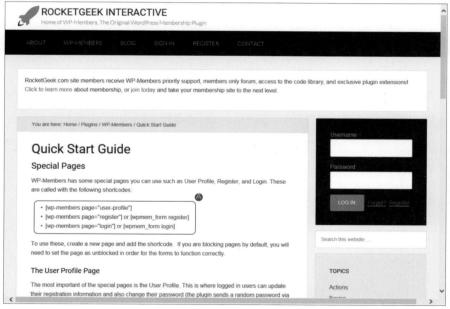

◆ wp-members 제작사

TIP 　숏코드란

워드프레스 숏코드(shortcode)는 워드프레스 내에서 동작하는 '매크로'라 할 수 있습니다. 사용자가 필요한 기능을 워드프레스 함수에 정의한 후 숏코드를 불러오면 정의했던 함수의 기능을 해당 페이지에 적용할 수 있습니다. 워드프레스 웹사이트의 글이나 페이지에 [ ]를 이용하여 숏코드를 사용하면 복잡한 코딩이 필요한 작업을 쉽게 적용할수 있습니다.

단 주의할 점은 숏코드는 테마와 연동되어 있으므로 테마가 변경되면 숏코드가 제대로 동작하지 않고 문자열 상태로 보여질 수 있습니다. 따라서 추후 웹사이트의 테마를 변경할 계획이라면 숏코드를 너무 많이 사용하지 않는 것이 좋습니다.

01 회원가입 페이지를 추가로 만들어 보겠습니다. 알림판에서 '페이지-새 페이지 추가'메뉴를 클릭합니다.

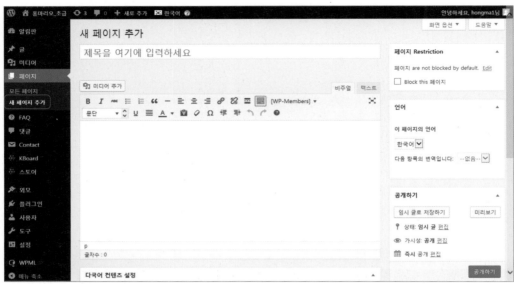

◆ 회원가입 페이지 추가

02 회원가입으로 제목 입력하고, 에디터 창에 회원가입 숏코드를 [wp-members page="register"] 라고 입력한 후 [공개하기] 버튼 선택하면 회원가입 페이지 생성이 완료됩니다.

◆ 회원가입 페이지 숏코드 적용

03 페이지가 생성되었다면 알림판에서 '설정-WP Members' 메뉴를 클릭하여 WP Members 옵션 페이지로 이동합니다.

◆ WP-Members 옵션

04 WP-Members 옵션 페이지 하단에 회원가입 페이지 설정 선택 박스를 선택한 후 [설정 업데이트] 버튼을 클릭하면 회원가입 페이지 설정이 완료됩니다.

◆ 회원가입 페이지 설정

05 회원가입 페이지 설정이 완료 되었으면, 홈페이지 하단(푸터 슬라이드)에 로그인 위젯을 적
용하기 위해 알림판에서 '외모–위젯' 메뉴를 클릭합니다. 원하는 사이드바(Sidebar)에 WP–
Members Login 위젯을 드래그하여 오른쪽으로 드래그하면 사이드바(Sidebar) 적용이 완료됩
니다.

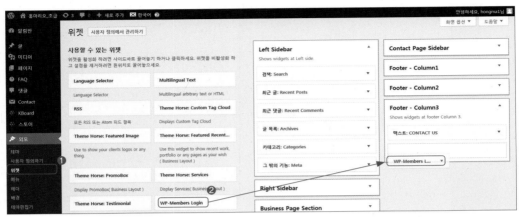

◆ 푸터 슬라이더에 로그인 위젯 적용

06 Footer–Column3에 WP–Members Login 위젯이 배치된 후 [저장하기] 버튼을 선택하면 푸
터 위젯에 로그인 위젯 설정이 완료됩니다.

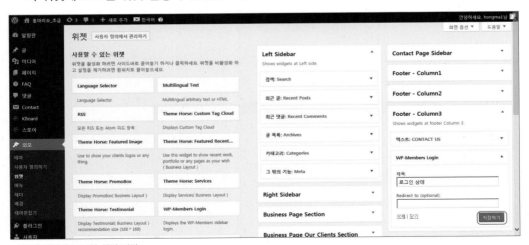

◆ 푸터 위젯에 로그인 설정 저장

07 다음은 사용자 푸터 위젯에 로그인이 적용된 화면입니다.

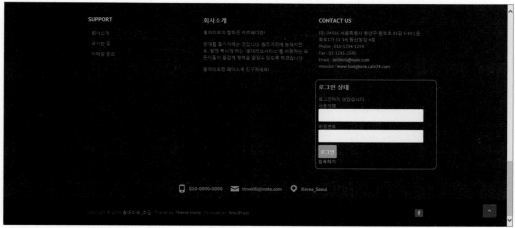

◆ 사용자 푸터 로그인 적용 화면

숏코드만 입력한 후 발행하면 회원가입에 필요한 폼(form)이 생성됩니다. Wp-members 플러그인에서 이미 회원가입에 필요한 모든 기능을 '[wp-members page="register"] or [wpmem_form register]' 함수에 정의해 두었기 때문입니다. 만약 숏코드를 이용하지 않는다면 회원가입에 필요한 모든 과정을 직접 코딩해서 만들어야 합니다. 이렇게 플러그인이 제공하는 숏코드를 이용하면 워드프레스 웹사이트 제작 시 개발 지식이 없는 초보자도 쉽게 웹사이트 제작에 필요한 기능을 구현할 수 있습니다.

03 duplicate post 플러그인으로 게시글 복사하기

워드프레스 홈페이지에서 글이나 페이지를 작성할 때 카테고리, 슬러그, 숏코드, 메타태그, Div 스타일 등 이외에도 내용 및 레이아웃 등이 같은 경우가 있습니다. 이러한 워드프레스 글쓰기를 할 때 게시글 복사(Duplicate post) 플러그인을 활용하면 반복적으로 해야 할 일을 대폭 감소시킬 수 있습니다. Duplicate post는 게시물 또는 페이지를 복제하거나 새 초안으로 편집할 수 있고, 한 번의 클릭만으로 손쉽게 동일한 내용을 복사 할 수 있는 무료 플러그인입니다.

Duplicate post 플러그인을 활용하여 게시글을 복사해보도록 하겠습니다.

01 duplicate post 플러그인 설치하기

01 알림판에서 '플러그인–플러그인 추가하기' 메뉴를 클릭한 후 검색창에 duplicate post를 입력하여 검색합니다.

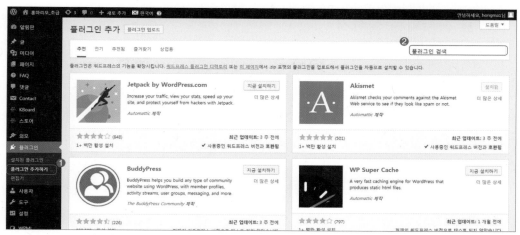

◆ duplicate post 플러그인 검색

02 검색된 duplicate post 플러그인 목록에서 가장 처음에 노출된 'duplicate post'의 우측 상단의 [지금 설치하기] 버튼을 클릭하여 설치를 진행합니다.

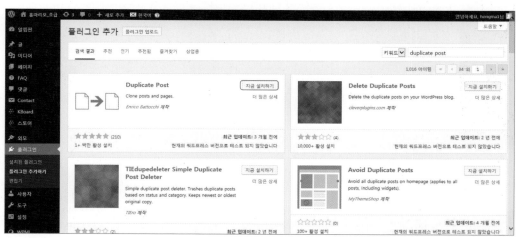

◆ duplicate post 플러그인 목록

03 '플러그인을 활성화'를 클릭하여 설치된 duplicate post 플러그인을 활성화시킵니다.

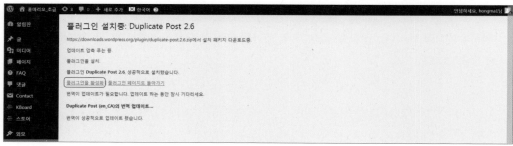

◆ duplicate post 플러그인 활성화

02 글 복사와 수정하기

duplicate post는 글, 페이지, 갤러리 페이지 복사가 가능하며, 숏코드 적용이 많은 테마일수록 활용도가 더 좋습니다. 글과 페이지 사용방법은 동일하므로 글로 실습을 진행해보겠습니다.

01 글을 복사하기 위해서 알림판에서 '글-모든 글' 메뉴를 클릭합니다. 글 목록에서 글 제목에 마우스 오버 시 글 편집 메뉴가 활성화 됩니다. 여기서는 'Clone'을 선택하여 복제된 임시 글을 생성합니다.
- Clone : 임시 글로 복제
- New Draft : 복제된 새로운 글 작성

◆ 모든글

TIP 글 삭제 방법

New Draft로 글을 작성하다 잘못되거나 오류가 발생하면 글 페이지 상단의 '휴지통'을 클릭하여 삭제합니다. 공개하기로 발행하지 않은 상태이기 때문에 임시 글로 남아 있어 언제든지 정리할 수 있습니다.

---

02 복제된 임시 글을 수정해보겠습니다. 임시 글로 만들어진 글 제목에 마우스 오버 시 글 편집 메뉴가 활성화 됩니다. '편집'을 클릭한 후 변경될 제목과 내용을 수정하면 글 설정값이 동일하게 적용됩니다.

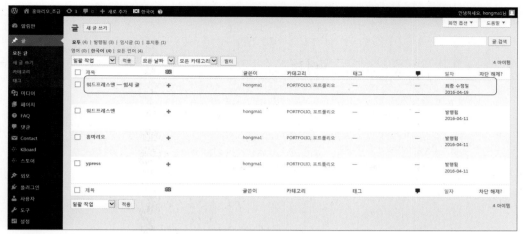

◆ 복제된 임시글

이처럼 duplicate post 플러그인은 글이나 페이지 등을 복사해서 사이트 제작 시 이용할
수 있습니다. 특히, 페이지 작업내용이 많을 경우, 중간중간에 복사해서 이용할 수 있는
장점이 있습니다.

04 WP CopyProtect 플러그인으로 콘텐츠 복제 방지하기

웹사이트의 저작물을 무단으로 퍼가는 행위가 많습니다. 특히 워드프레스는 마우스 우클릭을 활용해 이미지나 텍스트를 그대로 복사해가기 쉽습니다. 이러한 불법행위들을 WP CopyProtect 마우스 우클릭 방지 플러그인을 이용하면 방지할 수 있습니다.

WP CopyProtect 플러그인은 우클릭 방지 활성화 시 메시지 팝업, 텍스트 드래그 선택방지, 유저등급에 따른 활성화 등의 기능을 제공합니다. WP CopyProtect를 활용하여 마우스 우클릭 방지를 활성화 시켜보겠습니다.

01 WP CopyProtect 플러그인 설치하기

01 알림판에서 '플러그인-플러그인 추가하기' 메뉴를 클릭한 후 플러그인 검색창에 WP CopyProtect를 입력하여 플러그인을 검색합니다.

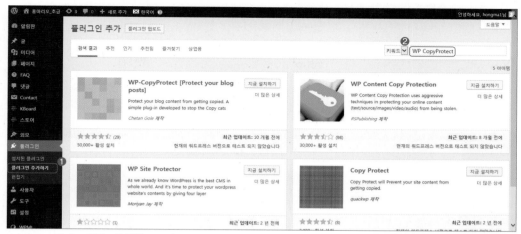

◆ WP CopyProtect 플러그인 검색

02 검색된 WP CopyProtect 플러그인 목록에서 다음 플러그인의 [지금 설치하기] 버튼을 클릭하여 설치를 진행합니다.

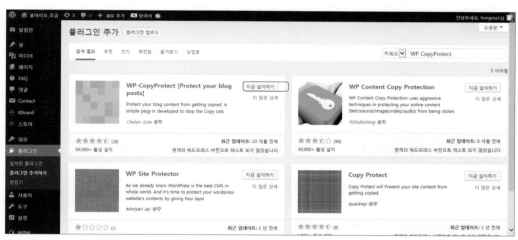

◆ WP CopyProtect 플러그인 목록

03 WP CopyProtect 플러그인 설치가 완료되면 '플러그인을 활성화'를 클릭하여 활성화시킵니다.

◆ WP CopyProtect 플러그인 활성화

02 WP CopyProtect 플러그인 설정하기

WP CopyProtect 플러그인을 설치하면 알림판에 WP CopyProtect 메뉴가 추가됩니다.

01 알림판에서 'WP Copy Protect' 메뉴를 선택합니다.

◆ 플러그인 설정

02 WP Copy Protect의 옵션 항목들을 설정합니다.

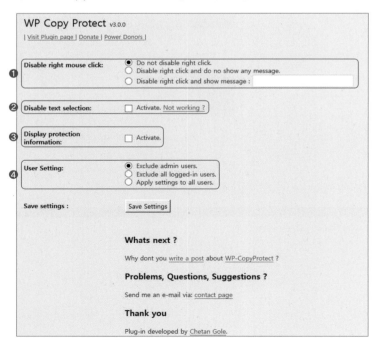

◆ WP Copy Protect 설정

❶ Disable right mouse click : 마우스 오른쪽 버튼을 눌렀을 때 반응을 설정합니다. 마우스 우클릭 방지 기능 활성화 시 보여줄 메시지도 설정할 수 있습니다.

❷ Disable text selection : 텍스트 드래그 복사 선택 가능 유무를 설정합니다. 텍스트 방지 기능을 비활성화하면 텍스트의 블록 선택은 가능하지만 우클릭을 할 수 없어 복사가 되지 않습니다.

❸ Display protection information : 이미지 또는 텍스트 정보보호를 보여줄 수 있는 설정입니다.

❹ User Setting : 유저의 권한에 따른 설정입니다. 관리자와 회원들마다 각각 우클릭 방지 기능을 적용할 것인지 설정할 수 있습니다.

03 웹사이트에 WP CopyProtect 플러그인 적용하기

웹사이트에 WP CopyProtect 플러그인을 적용해 보겠습니다.

01 WP Copy Protect 플러그인을 다음과 같이 설정한 후 활성화시켜 보겠습니다. 다음과 같이 설정이 완료 되었으면 [Save Settings] 버튼을 클릭합니다.

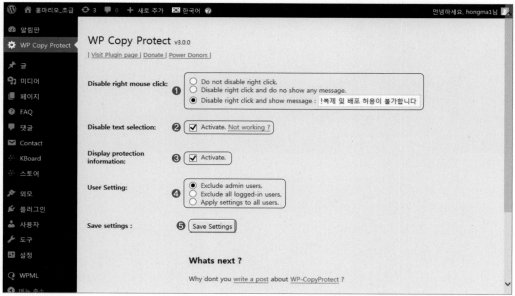

◆ 플러그인 활성화 설정

❶ Disable right mouse click : 'Disable right click and show message' 라디오 버튼 선택한 후 "이 이미지는 저작권법에 따라 무단복제 및 배포 허용이 불가합니다."라는 문구를 넣습니다.

❷ Disable text selection : Activate 체크 박스 선택(텍스트 드래그, 셀렉 복사가 안되게 활성화 상태를 체크 하였습니다.)

❸ Display protection information : Activate 체크 박스 선택(보호 정보를 보여주기 위해 체크 하였습니다.)

❹ User Setting : 'Exclude admin users' 라디오 버튼 선택(관리자는 이미지, 텍스트 복사가 가능하도록 제외하였습니다.)

02 메인페이지에서 계정 로그아웃 후 마우스 우측 버튼을 클릭하면 다음과 같이 설정한 문구인 "이 이미지는 저작권법에 따라 무단복제 및 배포 허용이 불가능합니다"라는 메시지 창이 나타납니다. 단, 계정을 로그아웃 하지 않으면 관리자 제외설정이 되어있기 때문에 플러그인이 활성화 되었는지 여부를 확인할 수 없습니다.

◆ 플러그인 확인하기

여러분의 사이트 콘텐츠 무단 복제 및 소스정보를 숨기고 싶다면 WP Copy Protect 적용해 보세요.

05 Wordpress Ad Widget 플러그인으로 사이드바에 브랜드 광고 배너 만들기

웹사이트에 마케팅 광고를 위한 배너를 많이 활용합니다. Wordpress Ad Widget 플러그인은 무료로 손쉽게 사이드 바에 광고 이미지를 업로드할 수 있습니다. 사이드바에 간단한 이미지 링크로 브랜드 광고를 만들어 보겠습니다.

01 Wordpress Ad Widget 플러그인 설치하기

01 알림판에서 '플러그인-플러그인 추가하기' 메뉴를 클릭한 후 플러그인 검색창에 'Wordpress Ad Widget'을 입력한 후 검색합니다.

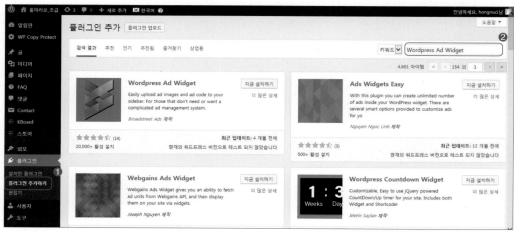

◆ Wordpress Ad Widget 플러그인 검색

02 검색된 Wordpress Ad Widget 플러그인 목록에서 [지금 설치하기] 버튼을 클릭하여 설치를 진행합니다.

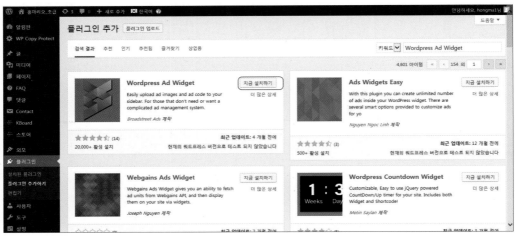

◆ Wordpress Ad Widget 플러그인 목록

03 Wordpress Ad Widget 설치가 완료되면 '플러그인을 활성화'를 클릭하여 플러그인을 활성화 시킵니다.

◆ Wordpress Ad Widget 플러그인 활성화

02 웹사이트 사이드바에 브랜드 이미지 광고 배너 적용하기

01 알림판에서 '외모-위젯' 메뉴를 클릭합니다.

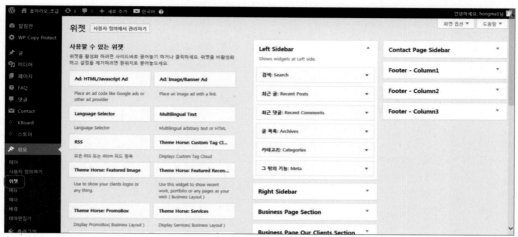

◆ 플러그인 설정

02 Right Sidebar에 이미지 배너 넣기 위해서 Right Sidebar를 클릭하여 박스를 활성화시킵니다. 단, 관리자에 따라 Right Sidebar가 활성화되어 있을 수 있습니다.

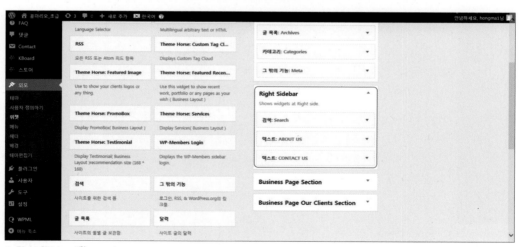

◆ Right Sidebar 메뉴

03 사용할 수 있는 위젯창에 있는 'Ad: Image/Banner Ad' 위젯을 드래그하여 Right Sidebar 상
단에 옮겨줍니다.

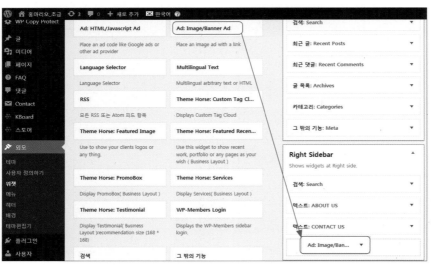

◆ Ad: Image/Banner Ad 배치

04 배너를 설정하기 위해 상단의 'Click here to upload a new image'를 클릭합니다.

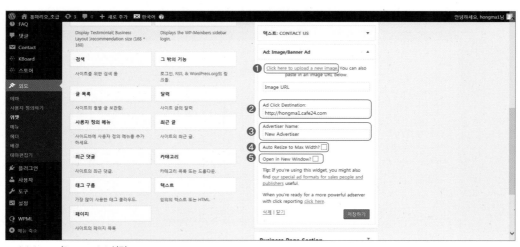

◆ Ad: Image/Banner Ad 설명

❶ Click here to upload a new image : 배너에 사용할 이미지를 업로드합니다.

❷ Ad Click Destination : 배너 클릭 시 이동할 사이트 URL을 작성합니다.

❸ Advertiser Name : 광고주명을 입력합니다.

❹ Auto Resize to Max Width? : 너비값을 사이드바 너비에 맞춰 자동으로 조절합니다.

❺ Open in New Window? : 링크를 새 창에서 엽니다.

05 미디어 라이브러리 탭을 클릭하고 3번째 탭을 클릭한 후 배너로 넣을 이미지(banner)의 '보기'를 클릭하여 이미지를 확인합니다.

◆ 미디어 라이브러리

06 [본문 삽입] 버튼을 클릭하면 'Ad: Image/Banner Ad' 위젯에 배너 이미지가 삽입됩니다.

◆ 이미지 본문 삽입

07 Ad: Image/Banner Ad 위젯에 배너 이미지가 삽입되었습니다. 설정이 완료되었으면 [저장하기] 버튼을 클릭합니다. 이제 Ad: Image/Banner Ad 위젯 설정이 완료되었습니다.

❶ Ad Click Destination : http://hongmabook2.cafe24.com (링크
를 걸어줄 페이지 URL 입력)

❷ Advertiser Name : New Advertiser(광고주명 입력)

❸ Auto Resize to Max Width? : 체크 (반응형 웹사이트 제작에
는 체크해주는 것이 좋습니다.)

❹ Open in New Window? : 체크 (새창으로 링크를 엽니다.)

◆ 배너 위젯 설정

03 배너 이미지 확인하기

홈페이지 우측 사이드바에 배너 이미지가 생성된 것을 확인 할 수 있습니다.

◆ 배너 이미지 확인하기

이처럼 Wordpress Ad Widget 플러그인은 웹사이트의 적절한 위치에 다양한 목적의 광
고 배너를 삽입할 수 있습니다.

06 Print Friendly and PDF Button
플러그인으로 파일 변환 버튼 만들기

웹사이트에서 중요한 글과 이미지, 문서는 바로 인쇄하거나 PDF 파일로 변환해 보관이 필요합니다. Print Friendly and PDF Button 플러그인은 특별한 코딩, CSS, 프로그래밍 필요 없이 빠르고 쉽게 인쇄, PDF 파일 파일로 변환하여 보관이 가능하며, 무료로 사용할 수 있습니다. 버튼 스타일, 버튼 위치, 버튼 옵션 등의 간단한 설정으로 Print Friendly 플러그인을 활용해보도록 하겠습니다.

01 Print Friendly and PDF Button 플러그인 설치하기

01 알림판에서 '플러그인-플러그인 추가하기' 메뉴를 클릭하고 플러그인 검색창에 'Print Friendly and PDF Button'을 입력한 후 검색합니다.

◆ Print Friendly and PDF Button 플러그인 검색

02 검색된 Print Friendly and PDF Button 플러그인 목록에서 [지금 설치하기] 버튼을 클릭하여 플러그인 설치를 진행합니다.

◆ Print Friendly and PDF Button 플러그인 목록

03 Print Friendly and PDF Button 플러그인 설치가 완료되면 '플러그인을 활성화'를 클릭하여 플러그인을 활성화시킵니다.

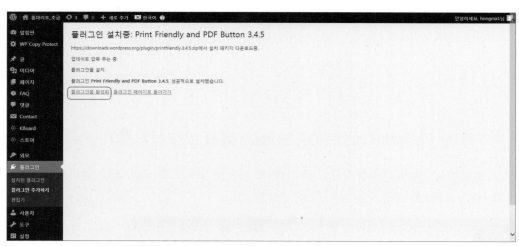

◆ Print Friendly and PDF Button 플러그인 활성화

02 Print Friendly and PDF Button 플러그인 셋팅하기

01 알림판에서 '설정–Print Friendly and PDF Button' 메뉴를 클릭합니다.

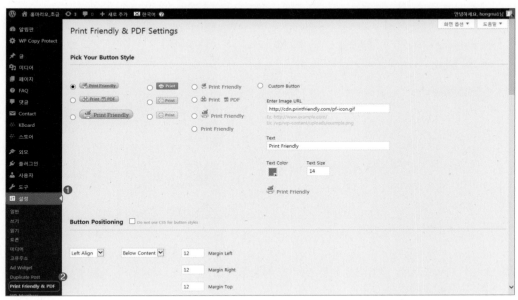

◆ 플러그인 설정

02 Pick Your Button Style 영역에서 버튼 스타일을 설정할 수 있습니다. 사용자의 기호에 맞는 버튼 모양, 버튼 이미지, 텍스트 내용, 텍스트 컬러, 텍스트 사이즈 등 다양한 스타일을 설정할 수 있습니다.

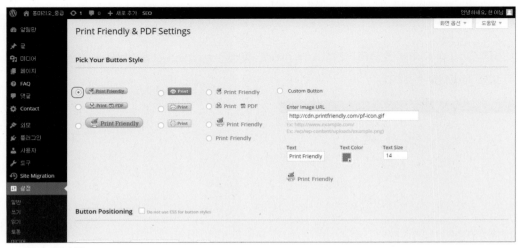

◆ 버튼 스타일 설정

버튼 모양은 3번째 박스 모양, 텍스트(Text)는 Print & PDF, 텍스트 컬러(Text Color)는 #8b7160, 텍스트 사이즈(Text Size)는 12로 설정해보겠습니다.

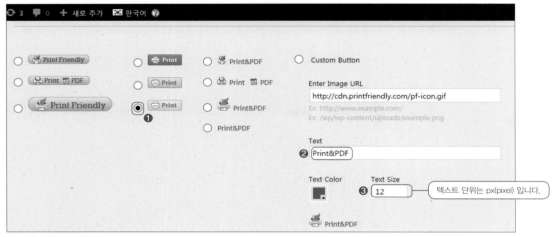

◆ 버튼 스타일 설정변경

03 Button Positioning 영역에서 버튼 위치를 설정할 수 있습니다. 사용자의 기호에 맞는 버튼 좌우 위치, 여백을 설정합니다.

◆ 버튼 위치 설정

버튼의 좌우 위치는 오른쪽 정렬(Right Align), 여백은 Margin Left/Right/Top/Bottom 모두 3으로 설정해보겠습니다.

◆ 버튼 위치 설정

04 Display Button On 영역에서 버튼이 보여질 글/페이지를 설정할 수 있습니다.

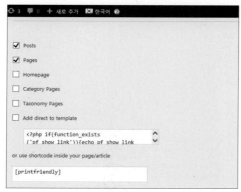

◆ 버튼 디스플레이 설정

'Add direct to template' 체크 박스를 선택하면 아래의 숏코드 [printfriendly]를 활용하여 자유롭게 글 또는 페이지에 버튼을 활성화시켜 줄 수 있습니다.

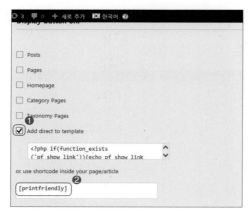

◆ Add direct to template 선택 설정

05 Print PDF Options 영역에서 Print 옵션과 PDF 옵션을 설정할 수 있습니다.

❶ Page header : PDF 파일 상단을 꾸미는 기능 사용을 설정합니다.

❷ Click-to-delete : 내용을 클릭하여 삭제하는 기능을 설정합니다.

❸ Images : 이미지 포함/불포함 기능 사용을 설정합니다.

❹ Image style : 이미지 좌/우/중앙정렬 기능 사용을 설정합니다.

❺ Email : Email 기능 사용여부를 설정합니다.

❻ PDF : PDF 기능 사용여부를 설정합니다.

❼ Print : Print 기능 사용여부를 설정합니다.

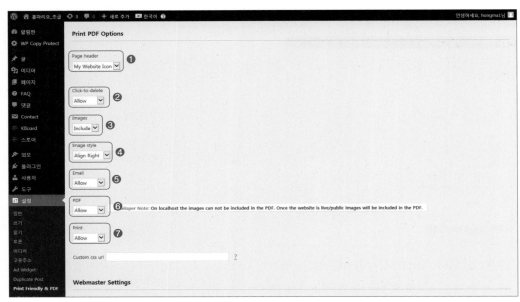

◆ Print PDF Options 설명

설정 완료 후 [Save Options] 버튼을 클릭하여 설정 내용을 저장합니다.

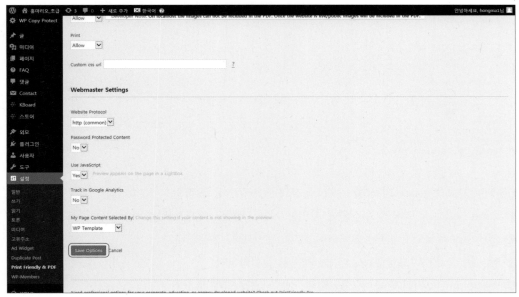

◆ Save Options 클릭

03 웹사이트에 Print & PDF 버튼 적용하기

설정한 Print Friendly and PDF Button을 글에 적용합니다.

01 알림판에서 '글–모든 글' 메뉴를 클릭한 후 글 목록 중 버튼을 적용할 글을 선택하여 열기합니다. 여기서는 "워드프레스엔" 글을 선택하였습니다.

◆ 버튼을 글에 적용

02 글 가장 하단에 [printfriendly] 숏코드를 복사하여 붙여넣기한 후 [업데이트] 버튼을 클릭합니다.

◆ 숏코드 적용

03 글 오른쪽 하단에 [Print] 버튼이 생성되었습니다. [Print] 버튼을 클릭합니다.

◆ 버튼 적용된 화면

04 출력 창이 나타나면 상단의 [인쇄] 버튼을 클릭합니다.

◆ 인쇄 버튼 클릭

자유롭게 인쇄 설정이 가능한 인쇄하기 활성화 창이 나옵니다. 인쇄 옵션을 설정한 후 [인쇄] 버튼을 클릭하면 인쇄를 시작합니다.

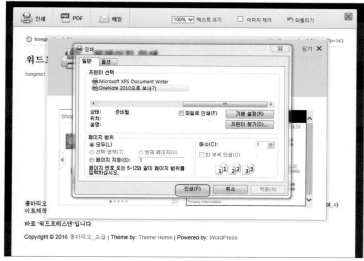

◆ 인쇄 활성화 창

05 인쇄하기 활성화 창에서 [PDF] 버튼 클릭합니다.

◆ PDF 버튼 클릭

06 PDF 변환 창이 나타나면 [PDF 다운로드] 버튼을 클릭합니다.

◆ PDF 변환 창

◆ PDF 확인

07 WP Super Cache 플러그인으로 워드프레스 속도 최적화시키기

워드프레스를 처음 접하는 사람들은 속도가 느린 것에 불만을 갖는 경우가 많습니다. 블로그를 운영하는 사람들의 대부분이 네이버 블로그나 티스토리와 같은 툴을 사용합니다. 이러한 블로그에 적응이 되어있는 방문자들이 워드프레스 속도에 만족을 못하는 것입니다. 하지만 워드프레스 사이트의 모두가 느린 것은 아닙니다. WP Super Cache 플러그인은 워드프레스가 페이지를 보여줄 때 데이터베이스에서 데이터를 검색 후 가져오는 동작, PHP 스크립트 언어를 해석하는 동작 등 서버에서 발생하는 일들의 처리 시간을 단축시키는 역할을 합니다.

WP Super Cache 플러그인을 이용하여 워드프레스 속도를 최적화 할 수 있는 방법에 대해서 알아보겠습니다.

01 WP Super Cache 플러그인 설치하기

01 알림판에서 '플러그인–플러그인 추가하기' 메뉴를 선택한 후 플러그인 검색창에 WP Super Cache를 입력하여 검색합니다.

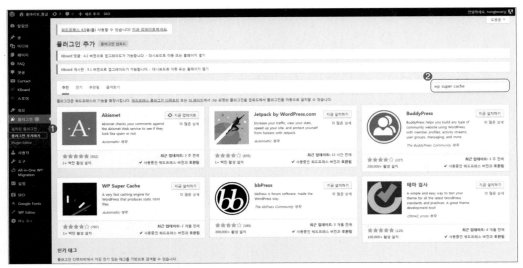

◆ WP Super Cache 플러그인 검색

02 검색된 wp super cache 플러그인 목록에서 [지금 설치하기] 버튼을 클릭하여 플러그인 설치
를 진행합니다.

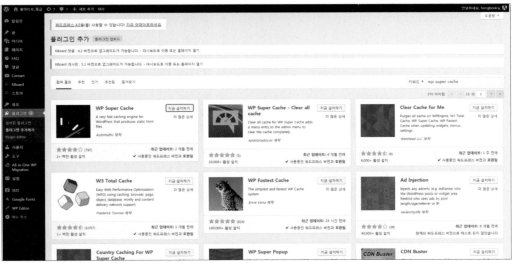

◆ WP Super Cache 플러그인 목록

03 wp super cache 플러그인 설치가 완료되면 '플러그인을 활성화'를 클릭하여 플러그인을 활성화시킵니다.

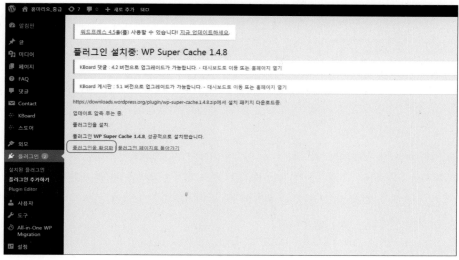

◆ WP Super Cache 플러그인 활성화

02 WP Super Cache 플러그인 셋팅하기

01 알림판에서 '설정–WP Super Cache' 메뉴를 선택합니다.

◆ WP Super Cache 메뉴

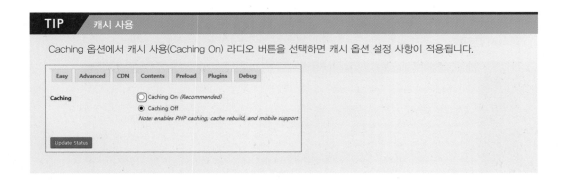
02 고유주소(Permlink)가 기본으로 설정되어 있다면 Permlinks Options Page를 클릭합니다. 고 유주소 페이지로 이동하면 고유주소 설정을 숫자로 체크 후 [변경사항 저장] 버튼을 클릭합니다. 고유주소 설정은 문자열 보다 숫자가 성능이 더 높기 때문에 "날짜와 이름", "월과 이름", "숫자" 중 하나를 선택하는 것이 좋습니다.

◆ 고유주소 설정

03 WP Super Cache Settings 페이지에서 'Advanced' 탭을 클릭합니다. 원하는 옵션값을 설정 하셔야 합니다. 워드프레스 홈페이지 방문자의 댓글이 빈번한 경우나 관리자가 로그인한 후 사용하는 다수의 플러그인 테스트 작업 시 적용된 캐시로 인해 새로 변경한 내용이 잘 반영 되지 않는 경우가 종종 발생합니다. 예를 들면 새로운 글을 등록하였음에도 캐시로 인해 등록 한 새 글이 보이지 않는 경우입니다. 이런 경우 캐시를 삭제하면 됩니다. 하지만 매번 삭제하 는 경우 비효율적이기 때문에 위 설정을 통해서 관리하면 수월하게 캐시 관리가 가능합니다. 다음 항목들 중 가급적 추천(Recommended) 항목들을 선택하면 되고, 추천 사항이 아니더라 도 필요한 항목들을 선택하면 됩니다. 여기서는 다음 항목들을 체크 후 하단 Expiry Time & Garbage Collection 위치로 이동합니다.

Caching

❶ Cache hits to this website for quick access. (Recommended)

❷ Use mod_rewrite to serve cache files. (Recommended)

Miscellaneous

❸ Compress pages so they're served more quickly to visitors. (Recommended)

❹ Don't cache pages for known users. (Recommended)

❺ Cache rebuild. Serve a supercache file to anonymous users while a new file is being generated. (Recommended)

Advanced

❻ Extra homepage checks. (Very occasionally stops homepage caching) (Recommended)

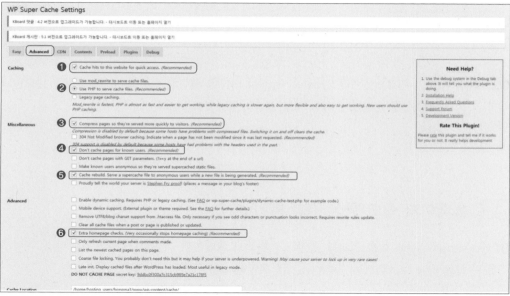

◆ wp super cache 옵션

04 Expiry Time & Garbage Collection에 Scheduler Timer에 원하는 초단위를 입력합니다. 저자는 Cache Timeout과 같은 3600 seconds를 입력하였습니다. 입력 후 [Change Expiration] 버튼을 클릭합니다.

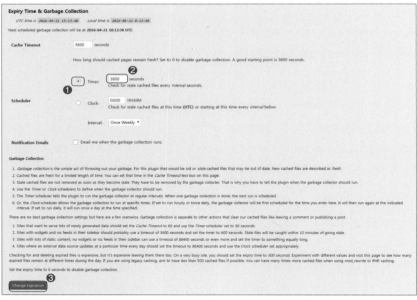

◆ wp super cache 옵션

05 스케줄 저장이 완료되었으면 [Update Status] 버튼을 클릭하여 Advanced 설정을 완료합니다. 이제 플러그인을 사용하기 위한 기본 설정이 완료되었습니다.

03 홈페이지 속도 향상 결과 확인하기

01 Wp super cache 설정 결과를 확인하기 위해서 홈페이지 새 창에서 [F12] 키를 눌러 개발자 도구 창을 띄워 브라우저 하단부분 소스를 확인합니다.

```
<!-- Dynamic page generated in 0.455 seconds. -->
<!-- Page not cached by WP Super Cache. Check your settings page. Not caching requests by known users. (See Advanced Settings page) -->
```

◆ 사이트 소스 확인

위 메시지는 로그인이 되어있는 상태라 캐시가 정상 작동되지 않는다는 메시지입니다. 워드프레스 로그아웃 후 사이트 소스를 확인하면 다음과 같은 메시지가 나오는 것을 볼 수 있습니다.

```
<!-- Dynamic page generated in 0.428 seconds. -->
<!-- Cached page generated by WP-Super-Cache on 2016-04-22 00:22:18 -->
<!-- Compression = gzip -->
```

◆ 사이트 소스 확인

위 메시지가 나온다면 wp super cache가 정상적으로 작동한다는 의미입니다.

04 캐시 삭제하기

WP Super Cache 플러그인을 사용 시 문제점은 관리자와 방문자의 화면이 다를 수 있다는 점입니다. 글이나 페이지가 갱신될 때 자동으로 캐시가 삭제됩니다. 하지만 테마 변경의 경우 실제로 파일이 변경되는 것이 아니라 캐시가 자동 삭제되지 않습니다. 상황에 따라서 수동으로 캐시를 삭제해야 되는 경우가 발생하게 됩니다. 수동으로 캐시를 삭제하는 방법을 알아보겠습니다.

01 Wp super cache 설정의 Contents 탭을 클릭한 후 하단의 [Delete Cache] 버튼을 클릭하면 수동으로 캐시 삭제가 가능합니다.

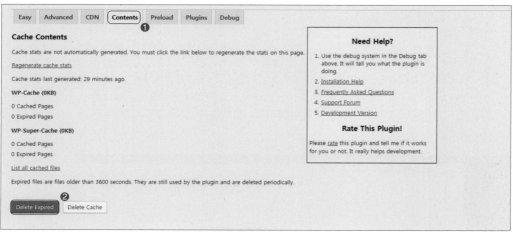

◆ 수동으로 캐시 삭제

워드프레스는 PHP를 서버에서 HTML로 변환하는 과정을 필요로 합니다.
캐시 삭제 플러그인을 활용하여 워드프레스의 단점인 속도를 보다 빠르게 만들어 줄 수 있습니다.

08 jt old browser alert 플러그인으로 브라우저 호환 경고창 만들기

Interface 무료테마는 익스플로러 8 이하 버전은 호환이 되지 않습니다. jt old browser alert 플러그인은 하위 브라우저로 접속했을 시 사이트 상단에 최신 브라우저로 업데이트를 권하는 경고창을 띄웁니다. 호환문제를 안내하기 위해 jt old browser alert 플러그인을 사용해 사용자에게 브라우저 정보를 전달해보도록 하겠습니다.

01 jt old browser alert 플러그인 설치 & 적용하기

01 알림판에서 '플러그인–플러그인 추가하기'를 선택하고 플러그인 검색창에 jt old browser alert를 입력한 후 검색합니다.

◆ jt old browser alert 플러그인 검색

02 검색된 jt old browser alert 플러그인 목록에서 [지금 설치하기] 클릭하여 플러그인 설치를 진
  행합니다.

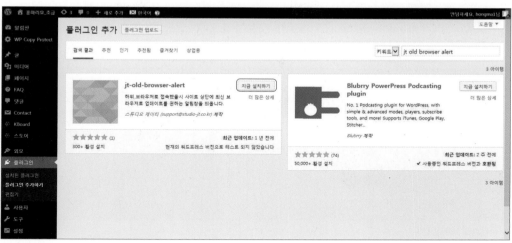

◆ jt old browser alert 플러그인 목록

03 jt old browser alert 플러그인 설치가 완료되면 '플러그인을 활성화'를 클릭하여 플러그인을
  활성화시킵니다.

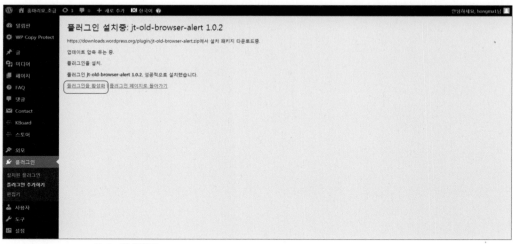

◆ jt old browser alert 플러그인 활성화

04 jt old browser alert 플러그인은 별도의 셋팅없이 사용이 가능합니다. 다음은 jt old browser alert 플러그인이 웹브라우저에 적용된 화면입니다.

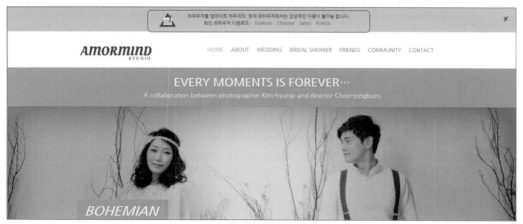

◆ 플러그인 적용 확인

따라서 대부분의 워드프레스 테마들이 익스플로러 9.0 이상에서 적용되기 때문에 이하 버전에서 경고창을 보여 줌으로서 사용자들에게 현재 상황에 대한 대처방법을 자동으로 알려주는 역할을 해줍니다.

09 WP Editor 플러그인으로 손쉽게 테마 편집하기

CSS 커스터마이징의 편의성을 위해 WP Editor 플러그인을 사용합니다. WP Editor 플러그인은 CSS의 줄 번호, 내용 찾기(Find), 내용 대체하기(Replace), FTP 폴더 구조 확인 등의 기능이 있습니다. WP Editor 플러그인은 별도의 셋팅없이 설치만으로 사용이 가능합니다. WP Editor 플러그인을 설치해 보겠습니다.

01 테마 편집기 WP Editor

01 알림판에서 '플러그인−플러그인 추가하기'를 선택하고 플러그인 검색창에 WP Editor를 입력한 후 검색합니다.

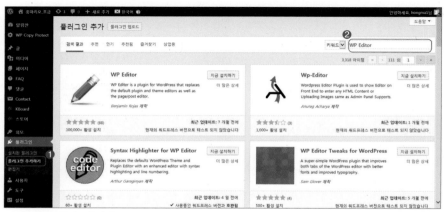

◆ WP Editor 플러그인 검색

02 검색된 WP Editor 플러그인 목록에서 [지금 설치하기] 클릭하여 플러그인 설치를 진행합니다.

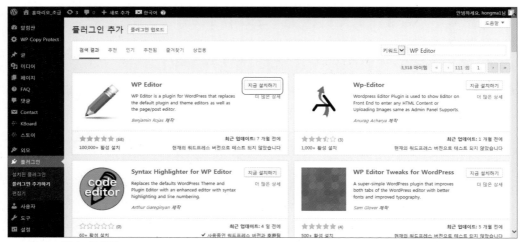

◆ WP Editor 플러그인 목록

03 WP Editor 플러그인 설치가 완료되면 '플러그인을 활성화'를 클릭하여 플러그인을 활성화시킵니다.

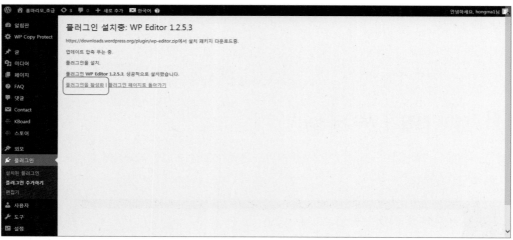

◆ WP Editor 플러그인 활성화

04 WP Editor 플러그인 항목의 기능은 다음과 같습니다.

❶ 좌측 숫자 : CSS의 줄 번호입니다. Chapter 04의 테마 커스터마이징에서 사용됩니다.

❷ Save : 편집내용을 저장합니다.

❸ Search : 편집기에서 내용 찾습니다.

❹ replace : 내용을 대체 변경합니다. (**예** font-size =〉 font-weight로 변경)

❺ replace all : 찾은 내용을 전체 변경합니다. (**예** #63c6ae =〉 #4a89c3로 변경)

❻ Theme Files : FTP의 폴더 구조를 확인합니다.

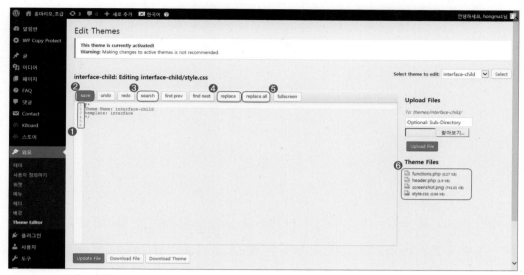

◆ WP Editor 플러그인 설명

10 NaverSync 플러그인으로 네이버 블로그 연동시키기

네이버 블로그 포스트는 네이버 검색 상위에 잘 노출된다. 하지만 워드프레스 사이트에서 발행한 포스트는 네이버 검색 노출에 취약하다는 단점이 있습니다. 웹사이트 운영만으로는 홍보가 제한적이라 네이버 블로그를 운영하는 분들이 많아졌으며, 두 가지를 모두 운영하기에는 시간과 비용이 늘어납니다. 워드프레스 NaverSync 플러그인은 워드프레스 글 컨텐츠를 네이버 블로그에 자동으로 포스팅하는 기능이며, 즉 워드프레스에서 등록한 글(Post)을 네이버 검색에 등록하여 검색되게 하는 기능입니다. NaverSync 플러그인을 사용하면 사이트 운영 시간과 인력 소모 비용을 줄일 수 있습니다.

네이버 블로그 연동하는 NaverSync 플러그인을 설치해 보겠습니다.

01 NaverSync 플러그인 설치하기

01 알림판에서 '플러그인–플러그인 추가하기' 메뉴를 선택한 후 검색창에 NaverSync를 입력하여 검색합니다.

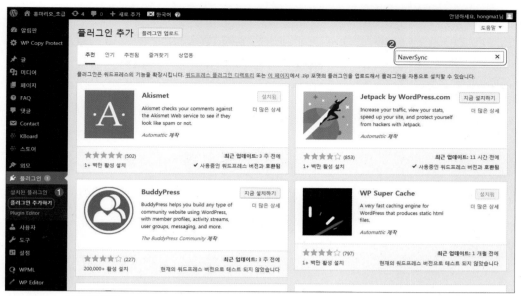

◆ NaverSync 플러그인 검색

02 검색된 NaverSync 플러그인 목록에서 [지금 설치하기] 버튼을 클릭하여 플러그인 설치를 진행합니다.

◆ NaverSync 플러그인 목록

03 설치된 NaverSync 플러그인의 '플러그인을 활성화'를 클릭하여 활성화시킵니다.

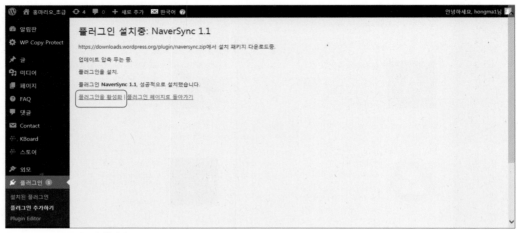

◆ NaverSync 플러그인 활성화

()2 NaverSync 플러그인 셋팅하기

01 알림판에서 '설정-네이버 싱크' 메뉴를 선택합니다.

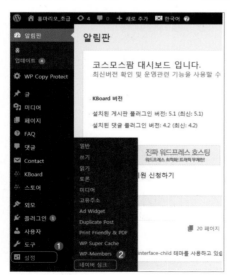

◆ 플러그인 설정

02 네이버 싱크 옵션 정보를 페이지입니다.

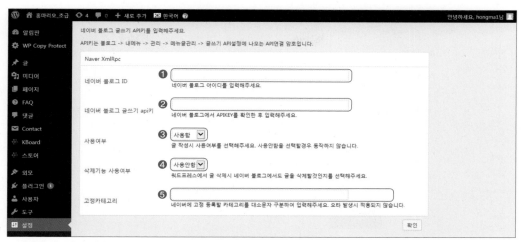

◆ 네이버 싱크 옵션 설정

❶ 네이버 아이디 : 연동할 블로그 아이디를 입력합니다.

❷ 네이버 블로그 글쓰기 api키 : 네이버 블로그에서 발급한 API키를 입력합니다.

❸ 사용여부 : 글 작성 시 사용여부를 선택합니다.

❹ 삭제기능 사용여부 : 워드프레스에서 글 삭제 시 네이버 블로그에서도 글을 삭제할 것인지를 선택합니다.

❺ 고정카테고리 : 고정 등록할 카테고리를 있다면, 카테고리명을 입력합니다.

03 네이버 블로그 api키를 생성하기 생성합니다. API키를 확인하려면 네이버 검색포털에 로그인 후 내블로그로 이동합니다. 블로그 상단의 '내메뉴–관리' 메뉴를 선택합니다.

◆ 내블로그

04 블로그 관리페이지에서 '메뉴 · 글관리' 메뉴를 클릭합니다.

◆ 메뉴 글관리

05 메뉴 글관리 페이지 좌측에서 '플러그인 연동관리−글쓰기 API설정' 메뉴를 클릭합니다.

◆ 글쓰기 API설정

06 글쓰기 API설정 페이지 중간의 API 연결정보에서 [암호발급] 버튼을 클릭하면 API 암호가 활성화 됩니다.

◆ 글쓰기 API설정

07 네이버 싱크 옵션 정보를 입력합니다. 입력 후 [확인] 버튼을 클릭하면 API 연동이 완료됩니다.

• 네이버 아이디 : **예** jubi1004

• 네이버 블로그 글쓰기 api키 : ed4f33da5deb16***************

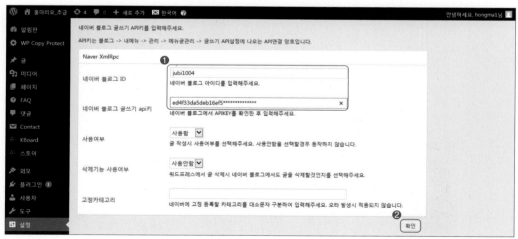

◆ 네이버 싱크 옵션 정보

08 블로그에서 글 작성 시 적용 됩니다. 알림판에서 '글-새 글쓰기' 메뉴를 클릭한 후 '새 글 쓰기' 페이지 하단부분에 블로그에 등록된 카테고리 선택 영역에서 게시될 카테고리 선택한 후 [공개하기] 버튼을 클릭하면 자동으로 연동됩니다.

◆ 새 글 쓰기

09 카테고리가 앨범형일 경우는 리스트에 나오지 않으며, 블로그형만 게시글이 노출됩니다. 이미지 파일명이 한글일 경우 엑박으로 표기됩니다. 파일명은 영문으로 진행해야 합니다.

◆ 블로그 연동 포스팅

11 Improved Include Page 플러그인 으로 반복 페이지 관리하기

웹사이트를 제작하다 보면 페이지마다 동일한 내용을 넣어야 하는 경우가 있으며, 텍스트나 내용이 수정 될 경우 전체 페이지를 수정해야 하는 번거로움이 있습니다. 예를 들면 주의사항, 제품리스트, 이메일 문의를 여러 페이지에 추가하고 싶을 경우에 사용할 수 있습니다.

01 Improved Include Page 플러그인 설치하기

01 알림판에서 '플러그인–플러그인 추가하기' 메뉴를 선택한 후 검색창에 Improved Include Page를 입력하여 검색합니다.

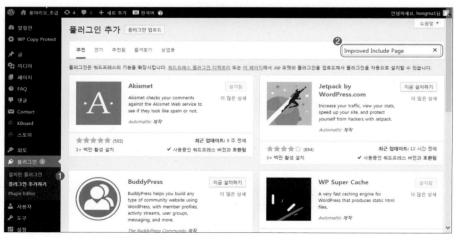

◆ Improved Include Page 플러그인 검색

02 검색된 Improved Include Page 플러그인 목록에서 [지금 설치하기] 버튼을 클릭하여 플러그인 설치를 진행합니다.

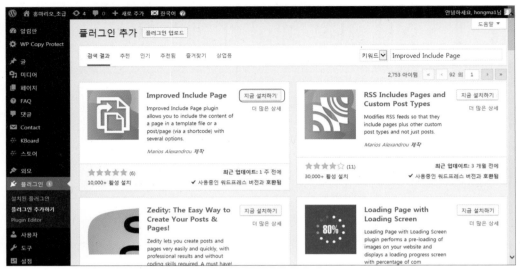

◆ Improved Include Page 플러그인 목록

03 설치된 Improved Include Page 플러그인의 '플러그인을 활성화'를 클릭하여 활성화시킵니다.

◆ Improved Include Page 플러그인 활성화

02 Improved Include Page 플러그인 셋팅하기

01 알림판에서 '플러그인-설치된 플러그인' 메뉴를 선택합니다.

02 숏코드를 확인합니다. 설치된 플러그인 리스트에서 Improved Include Page 플러그인의 [상세보기] 버튼을 클릭하면 Improved Include Page 플러그인의 상세내역을 확인 할 수 있으며, 설명 탭에 숏코드가 표기되어 있습니다.

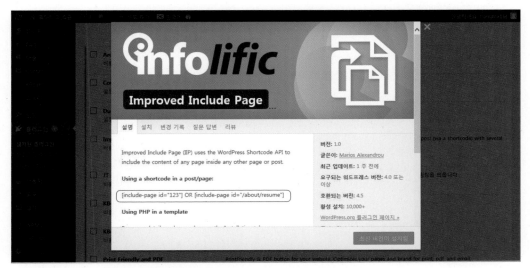

◆ Improved Include Page 플러그인의 상세내역

알림판에서 '설정-고유주소'가 적용에 맞게 아래의 숏코드를 이용하면 됩니다. 기본 설정값은 페이지 넘버입니다.

03 Improved Include Page 플러그인 적용하기

01 실습에서는 '이메일 문의' 페이지를 오시는길 하단에 넣어 보겠습니다. 실습사이트의 이메일 페이지 주소는 http://hongma1.cafe24.com/?page_id=98입니다. 98로 표기된 아이디 숫자를 적용해서 숏코드 예시를 만들겠습니다.

예 [include-page id="98"]

TIP 페이지 ID 찾기

고유주소가 기본 설정이 아닐 경우 id 넘버를 찾기가 쉽지 않습니다.
Id 넘버는 알림판에서 '페이지-모든 페이지' 메뉴를 클릭한 후 이메일 문의 페이지 리스트에 마우스 오버를 하면 '편집' 메뉴가 활성화됩니다.

◆ 모든 페이지 리스트

'편집' 메뉴에 마우스를 올려 놓고 마우스 오른쪽 버튼을 클릭합니다. 링크 주소 복사를 선택하면 링크 주소가 복사됩니다.

복사한 내용을 메모장에 붙여넣기([Ctrl]+[V])하면 다음과 같이 주소가 나타납니다.

http://hongma3.cafe24.com/wp-admin/post.php?post=244&action=edit

숫자로 표기된 post=244d에서 244가 페이지 ID입니다.

02 알림판에서 '페이지-모든페이지' 메뉴를 클릭한 후 '오시는 길 페이지'를 편집합니다.

◆ 오시는 길 편집 화면

03 오시는 길 편집 화면에서 지도 밑에 [include-page id="98"] 숏코드를 넣은 후 [업데이트] 버튼을 클릭합니다.

◆ 오시는 길 편집 화면

04 오시는 길 하단에 이메일 문의가 추가 되었습니다. 수정 시 이메일 문의 페이지만 수정하면
적용된 모든 페이지도 수정됩니다.

◆ 이메일 문의 추가된 화면

12 WP Statistics 플러그인으로 웹사이트 로그 분석하기

웹사이트를 운영하면서 가장 중요한 것은 자신의 웹사이트가 제대로 운영되고 있는지 여부를 판단하는 것입니다. WP Statistics 플러그인은 웹사이트 방문자수, 방문횟수, 접속경로, 인기페이지 등을 로그 분석(통계로 분석)할 수 있는 플러그인 입니다. WP Statistics 플러그인을 이용하여 워드프레스 웹사이트의 통계를 확인 해보도록 하겠습니다.

01 WP Statistics 플러그인 설치하기

01 알림판에서 '플러그인-플러그인 추가하기' 메뉴를 선택한 후 검색창에 WP Statistics를 입력하여 검색합니다.

◆ WP Statistics 플러그인 검색

02 검색된 WP Statistics 플러그인 목록에서 가장 처음에 보이는 'WP Statistics'의 우측상단에 있는 [지금 설치하기] 버튼을 클릭하여 플러그인 설치를 진행합니다.

◆ WP Statistics 플러그인 목록

03 설치된 WP Statistics 플러그인의 '플러그인을 활성화'를 클릭하여 플로그인을 활성화시킵니다.

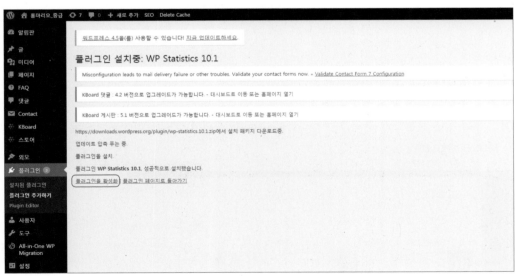

◆ WP Statistics 플러그인 활성화

04 플러그인을 활성화하면 설정 없이 간단하게 웹사이트의 통계를 볼 수 있습니다. 실시간 방문자, 히트수, 검색엔진 경로, 최근 방문자, 사용 브라우저 등을 한눈에 확인이 가능합니다.

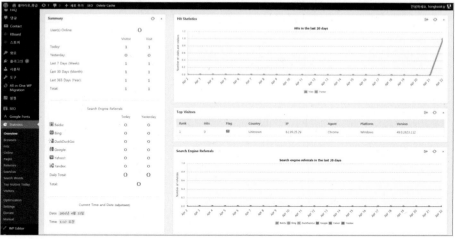

◆ WP Statistics 플러그인 통계

WP Statistics 플러그인은 국내 대표적인 포털사이트인 네이버와 다음을 지원하지 않습니다. 네이버, 다음 포털 통계를 위해 간단하게 추가해보겠습니다.

02 웹사이트에 네이버, 다음 포털사이트 통계 아이콘 추가시키기

네이버와 다음 통계를 쉽게 보기 위해 아이콘을 추가해보겠습니다.

01 자신의 FTP에 접속하여 아래의 경로 images 폴더에 네이버 및 다음 아이콘을 업로드합니다.

• wp-content 〉 plugins 〉 wp-statistics 〉 assets 〉 images 폴더에 업로드

◆ ftp의 images 폴더에 네이버(naver.png), 다음(daum.png) 아이콘 업로드

02 네이버, 다음 통계를 나타내기 위한 코드를 넣어보겠습니다. wp-content 〉 plugins 〉 wp-statistics 〉 includes 〉 function 〉 function.php 파일을 열고 function wp_statistics_searchengine_list 함수를 찾습니다. 함수를 찾은 후 아래의 코드를 "$default = $engines = array {" 다음 줄에 추가합니다.

```
'naver' => array( 'name' => 'Naver', 'translated' => __('Naver', 'wp_
statistics'), 'tag' => 'naver', 'sqlpattern' => '%naver.com%', 'regexpattern'
=> 'naver\.com', 'querykey' => 'sm', 'image' => 'naver.png' ),
'daum' => array( 'name' => 'Daum', 'translated' => __('Daum', 'wp_
statistics'), 'tag' => 'daum', 'sqlpattern' => '%daum.net%', 'regexpattern' =>
'daum\.net', 'querykey' => 'q', 'image' => 'daum.png' ),
```

```
421     //
422     // Each sub array is made up of the following items:
423     //    name         = The proper name of the search engine
424     //    translated   = The proper name translated to the local language
425     //    tag          = a short one word, all lower case, representation of the search engine
426     //    sqlpattern   = either a single SQL style search pattern OR an array or search patterns to match the hostname in a URL against
427     //    regexpattern = either a single regex style search pattern OR an array or search patterns to match the hostname in a URL against
428     //    querykey     = the URL key that contains the search string for the search engine
429     //    image        = the name of the image file to associate with this search engine (just the filename, no path info)
430     //
431     function wp_statistics_searchengine_list( $all = false ) {
432         GLOBAL $WP_Statistics;
433
434         $default = $engines = array (
435             'naver' => array( 'name' => 'Naver', 'translated' => __('Naver', 'wp_statistics'), 'tag' => 'naver', 'sqlpattern' => '%naver.com%', 'regexpattern' =>
                'naver\.com', 'querykey' => 'sm', 'image' => 'naver.png' ),
436             'daum' => array( 'name' => 'Daum', 'translated' => __('Daum', 'wp_statistics'), 'tag' => 'daum', 'sqlpattern' => '%daum.net%', 'regexpattern' =>
                'daum\.net', 'querykey' => 'q', 'image' => 'daum.png' ),
437             'ask' => array( 'name' => 'Ask.com', 'translated' => __('Ask.com', 'wp_statistics'), 'tag' => 'ask', 'sqlpattern' => '%ask.com%', 'regexpattern' =>
                'ask\.com', 'querykey' => 'q', 'image' => 'ask.png' ),
438             'baidu' => array( 'name' => 'Baidu', 'translated' => __('Baidu', 'wp_statistics'), 'tag' => 'baidu', 'sqlpattern' => '%baidu.com%', 'regexpattern' =>
                'baidu\.com', 'querykey' => 'wd', 'image' => 'baidu.png' ),
439             'bing' => array( 'name' => 'Bing', 'translated' => __('Bing', 'wp_statistics'), 'tag' => 'bing', 'sqlpattern' => '%bing.com%', 'regexpattern' =>
                'bing\.com', 'querykey' => 'q', 'image' => 'bing.png' ),
440             'clearch' => array( 'name' => 'clearch.org', 'translated' => __('clearch.org', 'wp_statistics'), 'tag' => 'clearch', 'sqlpattern' => '%clearch.org%',
                'regexpattern' => 'clearch\.org', 'querykey' => 'q', 'image' => 'clearch.png' ),
441             'duckduckgo' => array( 'name' => 'DuckDuckGo', 'translated' => __('DuckDuckGo', 'wp_statistics'), 'tag' => 'duckduckgo', 'sqlpattern' =>
                array('%duckduckgo.com%', '%ddg.gg%'), 'regexpattern' => array('duckduckgo\.com', 'ddg\.gg'), 'querykey' => 'q', 'image' => 'duckduckgo.png' ),
442             'google' => array( 'name' => 'Google', 'translated' => __('Google', 'wp_statistics'), 'tag' => 'google', 'sqlpattern' => '%google.%', 'regexpattern' =>
                'google\.', 'querykey' => 'q', 'image' => 'google.png' ),
443             'yahoo' => array( 'name' => 'Yahoo!', 'translated' => __('Yahoo!', 'wp_statistics'), 'tag' => 'yahoo', 'sqlpattern' => '%yahoo.com%', 'regexpattern' =>
                'yahoo\.com', 'querykey' => 'p', 'image' => 'yahoo.png' ),
444             'yandex' => array( 'name' => 'Yandex', 'translated' => __('Yandex', 'wp_statistics'), 'tag' => 'yandex', 'sqlpattern' => '%yandex.ru%', 'regexpattern'
                => 'yandex\.ru', 'querykey' => 'text', 'image' => 'yandex.png' )
445         );
446
```

◆ WP Statistics의 function.php 수정

03 코드를 추가한 후 파일을 저장하면 네이버와 다음 통계가 추가된 것을 확인 할 수 있습니다.

Search Engine Referrals	Today	Yesterday
N Naver:	O	O
D Daum:	O	O
Baidu:	O	O
Bing:	O	O
DuckDuckGo:	O	O
Google:	O	O
Yahoo!:	O	O
Yandex:	O	O
Daily Total:	O	O
Total:	O	

◆ 네이버, 다음 통계 추가 확인

13 Wordfence Security 플러그인으로 웹사이트의 보안 강화시키기

워드프레스는 오픈 소스인 만큼 보안에 취약합니다. 기본적으로 업데이트를 통해 버전업을 할 때마다 보안을 강화하고 있습니다. 하지만 다양한 악성코드와 바이러스들을 막기에는 불충분합니다.

실제로 워드프레스를 기반으로 제작한 웹사이트들에서 보안대책을 소홀히 하다가 쉽게 해킹을 당해 모든 자료와 사이트 전체가 멈춰버리는 경우를 많이 보았습니다. 이러한 악성코드와 바이러스들을 대응하기 위해 Wordfence Security 플러그인으로 웹사이트의 보안을 강화하는 방법에 대해 알아보겠습니다.

01 Wordfence Security 플러그인 설치하기

01 알림판에서 '플러그인–플러그인 추가하기' 메뉴를 선택한 후 검색창에 Wordfence Security를 입력하여 검색합니다.

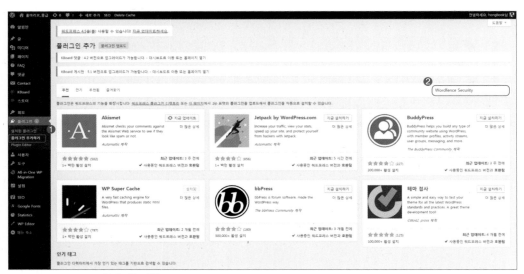

◆ Wordfence Security 플러그인 검색

02 검색된 Wordfence Security 플러그인 목록에서 가장 처음에 보이는 'Wordfence Security'의 우측 상단에 있는 [지금 설치하기] 버튼을 클릭하여 플러그인 설치를 진행합니다.

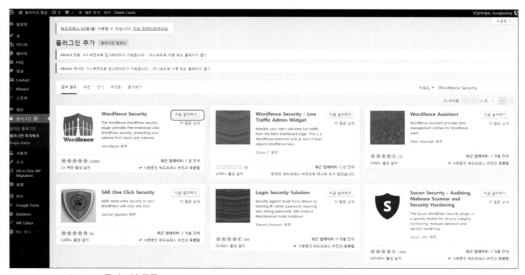

◆ Wordfence Security 플러그인 목록

03 설치된 Wordfence Security 플러그인의 '플러그인을 활성화'를 클릭하여 활성화시킵니다.

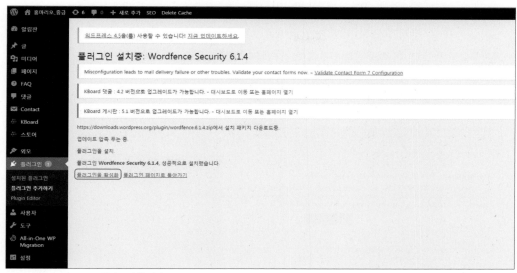

◆ Wordfence Security 플러그인 활성화

()2 Wordfence Security 플러그인 셋팅하기

01 알림판에서 'Wordfence-Scan' 메뉴를 선택합니다.

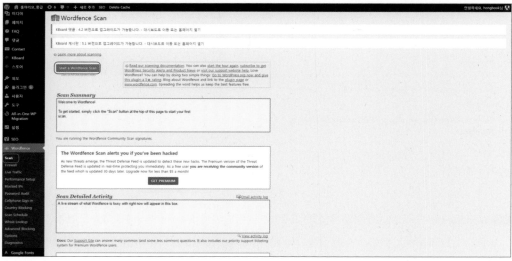

◆ Wordfence Scan 메뉴

02 설치 후 스캔(Scan)으로 이동하면 상단에 [Start a Wordfence Scan] 버튼이 보여집니다. Scan Summary 창에서 현재 주요 점검항목들과 점검 결과가 표시되며 안전하면 초록색의 Secure 표시, 문제가 있으면 빨간색 글씨로 Problems found 등의 표시가 나타나게 됩니다. 옵션 설정은 스캔 이후에 진행하도록 하겠습니다.

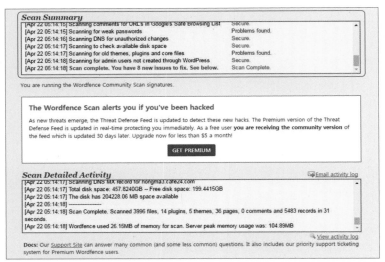

◆ Wordfence Security Scan 화면

스캔이 완료되면 결과가 나타나며 이상이 없을 경우는 다음과 같은 메시지가 나타납니다. 만약 이상이 있다면 New Issues라는 항목에 내용이 나타나는데 파일을 Repair 하거나 Delete 할 수 있습니다. 이미 알고 있는 항목이라면 무시(ignored) 설정을 할 수도 있습니다. 상세항목에 문제가 있는 파일의 세부설명이 나오므로 이 설명을 읽고 확인해 보시면 됩니다.

◆ Scan 결과창

03 Wordfence Security 셋팅을 설정하기 위해 알림판에서 'Wordfence-Options' 메뉴를 선택합니다. 상단의 Basic Options 설정에 Where to email alerts 항목이 보여집니다. 문제가 확인되었을 때 자동으로 발송되는 이메일을 받아볼 관리자 이메일 주소를 입력하면 됩니다.

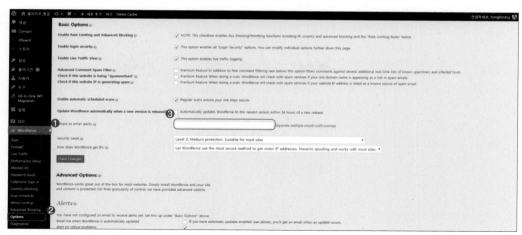

◆ Wordfence Security 옵션

그 아래쪽으로 내려오면 Scans to include 설정이 보입니다.

• Scan theme files against repository versions for changes

• Scan plugin files against repository versions for changes

• Scan images and binary files as if they were executable

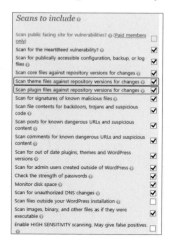

악성코드 스캔 시 포함될 옵션 등을 설정하는데 워드프레스 테마와 플러그인 관련 파일
도 스캔 할 수 있도록 위 세가지 사항을 체크해줍니다. 이미지 파일에 악성코드를 삽입한
후 업로드하는 경우가 많으므로 실행파일이 포함된 이미지가 업로드 되었는지 스캔 하도
록 설정 항목에 체크해줍니다.

그밖에 주요한 옵션들을 개별적으로 자세히 읽어보시고 필요한 부분을 설정하시는 것만
으로도 워드프레스 보안이 더욱 강력해질 것입니다.

이 장에서는 웹사이트를 목적에 맞게 최적화 할 수 있도록 변경수정이 필요한 부분은 수정하고 제거가 필요한 부분은 제거할 것입니다. Chapter 02에서 배운 CSS의 색상, 크기, 글꼴, 형태, 배경등의 속성과 속성값을 활용하여 수정하고 Chapter 03에서 학습한 플러그인들을 적절히 활용해보도록 하겠습니다. 특히 이 장에서 다루는 수정방법은 일반적으로 수정문의가 많은 내용으로 구성되어 있습니다. 커스터마이징 방법을 익히고 응용을 하면 원하는 결과물을 얻을 수 있습니다.

CHAPTER
04

워드프레스 웹사이트
실전 커스터마이징

01 워드프레스 웹사이트 수정하기

워드프레스 웹사이트 제작 시 테마에서 지원하지 않는 색상, 크기, 글꼴, 형태, 배경 등을 변경하고자 할 때 커스터마이징을 하게 됩니다. 워드프레스 웹사이트 커스터마이징은 CSS의 기본 지식이 있어야 가능합니다. 하지만 웹사이트 구축이 아니라 수정 정도라면 가장 많이 쓰는 CSS 정도만 알고 있어도 수정이 가능합니다.

TIP 자주 쓰는 CSS

기능	속성	적용 예시
우선순위	!important	font-size:12px !important;
화면 숨기기	display	display:none;
폰트지정	font-family	font-family:"Nanum Gothic";
폰트 사이즈	font-size	font-size:12px;
폰트 굵기	font-weight	font-weight: bold;
폰트 색상	color	color:#ffffff;
위치변경	float	float: left;
여백	padding margin	padding: 10px; margin: 10px; Padding-left: 10px; Padding-right: 10px; Padding-top: 10px; Padding-bottom: 10px; padding: 10px 10px 5px 10px;
배경이미지	background-image	background-image: url('이미지주소.jpg');
배경 색상	background-color	background-color:#ffffff;

이 장에서는 웹사이트의 다음 항목들을 직접 수정하는 방법에 대해서 배워보겠습니다.

❶ 사이트 TOP 메뉴의 info bar 제거하기

❷ 사이트 메인 메뉴 글자 및 검색 도구 편집하기

❸ 사이트 푸터영역에 로고 이미지 변경하기

❹ 사이트 요소 색상 변경하기

❺ 사이트에 한글 폰트 적용하기

02 사이트 Top 메뉴 제거하기

Top 메뉴에 있는 info bar를 제거해보도록 하겠습니다.

◆ info bar 제거

01 F12 키를 누른 후 개발자 도구에서 요소 선택 화살표 아이콘을 클릭한 후 info bar를 선택합니다.

◆ info bar 선택

02 개발자 도구 CSS 창의 .info-bar 영역에 display : none;을 추가하면 메인페이지 info bar가
사라지는 것을 확인할 수 있습니다.

```
.info-bar {
background-color: #555;
color: #999;
padding-bottom: 6px;
display: none;
}
```

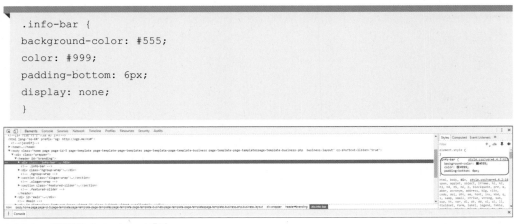

◆ info bar CSS영역 display : none; 추가

.info-bar 오른쪽 style.css?ver=4.4.2:621의 마지막에 적혀있는 621은 .info-bar가 CSS 편집기
에서 621번째에 위치하고 있다는 것을 나타내며, 621번째 위치해 있다는 것을 기억해둡니다. 단,
사용자의 환경에 따라 소스의 줄 수의 차이가 있을 수 있습니다. 자신의 CSS 창의 소스 줄 수를
반드시 확인하기 바랍니다.

03 알림판에서 '외모-Theme Editor' 메뉴를 클릭합니다.

◆ theme editor 선택

04 .info-bar가 위치한 621번째 줄을 찾아갑니다. 621번째 줄 .info-bar 영역 안에 display: none; 을 추가 후 [Update File] 버튼을 클릭하여 info bar 제거 작업을 완료합니다.

◆ display : none; 추가

05 메인페이지에서 상단의 info bar가 제거된 것을 확인 할 수 있습니다.

◆ info bar 제거 확인

03 메뉴 글자 및 검색 도구 편집하기

메뉴 위치 변경 및 검색 숨기기와 메인 메뉴 글자를 굵고, 크게 변경해보도록 하겠습니다.

◆ 메뉴 위치, 검색숨기기 , 글자 굵게, 크게 변경

01 웹사이트 메뉴 위치 변경하기

웹사이트 상단 메뉴의 위치를 변경해보겠습니다.

01 F12 키를 누른 후 개발자 도구에서 요소 선택 화살표 아이콘을 클릭한 후 메뉴를 선택합니다.

◆ 메뉴 선택

02 개발자 도구 메뉴 상위인 .hgroup-right를 선택합니다. CSS창 .hgroup-right 영역에 float : right;를 float : left;로 변경, padding-right : 35px;을 padding-left : 35px;로 변경하면 메뉴 위치가 왼쪽으로 이동하는 것을 확인 할 수 있습니다.

```
.hgroup-right {
float: left;
position: relative;
padding-left: 35px;
}
```

◆ hgroup-right CSS영역 수정

.hgroup-right 의 CSS가 701번째 위치해 있다는 것을 기억해둡니다.

03 알림판에서 '외모-Theme Editor' 메뉴를 클릭합니다.

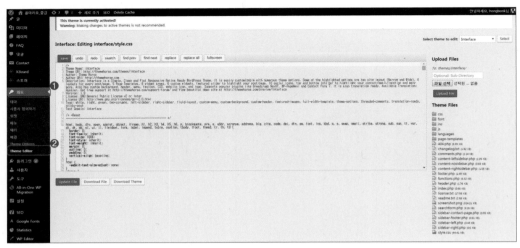

◆ theme editor 선택

04 .hgroup-right가 위치한 701번째 줄을 찾아갑니다. 701번째 줄 .hgroup-right 영역 안에 float: right;를 float: left;로 변경, padding-right: 35px;를 padding-left: 35px;로 변경한 후 [Update File] 버튼을 클릭하여 메뉴 위치 변경 작업을 완료합니다.

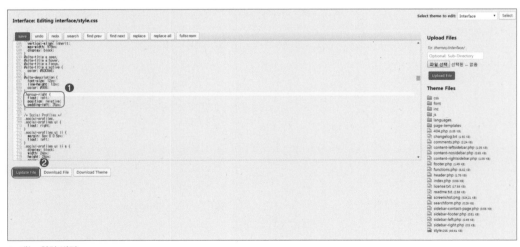

◆ 메뉴 위치 변경

02 검색 도구 숨기기

웹사이트 우측 상단의 검색 도구를 제거해보겠습니다.

01 F12 키를 누른 후 개발자 도구에서 요소 선택 화살표 아이콘을 클릭한 후 검색 아이콘을 클릭합니다.

◆ 검색도구 선택

02 개발자 도구 검색 도구 상위인 search-toggle을 선택합니다. CSS 창 .search-toggle 영역에 display: block;을 display: none;으로 변경하면 검색 도구 요소 선택 화살표 아이콘이 사라지는 것을 확인할 수 있습니다.

```
.search-toggle {
display: none;
-webkit-font-smoothing: antialiased;
-moz-osx-font-smoothing: grayscale;
font-size: 18px;
font-family: 'Genericons';
cursor: pointer;
margin-top: 39px;
```

◆ search toggle CSS영역 수정

.search-toggle 의 CSS가 1079번째 위치해 있다는 것을 기억해둡니다.

03 알림판에서 '외모-Theme Editor' 메뉴를 클릭합니다.

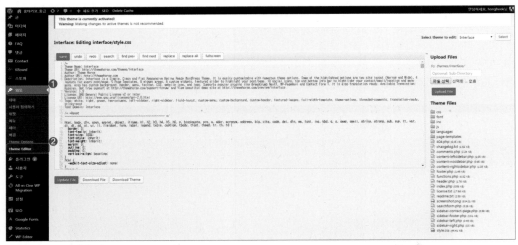

◆ theme editor 선택

04 search-toggle이 위치한 1079번째 줄을 찾아갑니다. 1079번째 줄 .search-toggle 영역 안에
display: block;을 display: none;으로 변경 후 [Update File] 버튼을 클릭하여 검색 도구 제거
작업을 완료합니다.

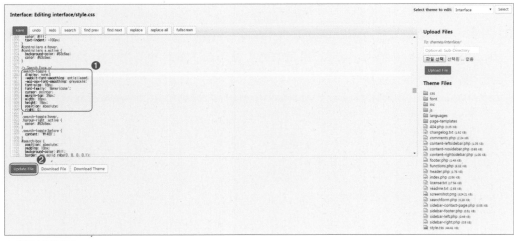

◆ 검색 도구 제거

03 메인 메뉴 글자 굵게 & 크게하기

사이트 상단의 메인 메뉴 글자의 스타일을 수정해 보겠습니다.

01 F12 키를 누르고 개발자 도구에서 요소 선택 화살표 아이콘을 클릭한 후 Company 메뉴를 선택합니다. 선택 시 화면은 아래 화면과 동일한 상태에서 다음 단계를 진행해야 합니다.

◆ 메뉴 선택

02 개발자 도구에서 Company를 포함한 a태그를 선택합니다. CSS창 #access a 영역에 font-weight : bold; 추가, font-size : 14px; 를 font-size : 16px;로 변경하면 메뉴 폰트 굵기와 크기가 변경된 것을 확인할 수 있습니다.

```
#access a {
color: #777;
display: block;
float: left;
font-weight: bold;
font-size: 16px;
text-transform: uppercase;
padding: 39px 0 0;
height: 61px;
}
```

◆ access a CSS영역 수정

#access a의 CSS가 894번째 위치해 있다는 것을 기억해둡니다.

03 알림판에서 '외모-Theme Editor' 메뉴를 클릭합니다.

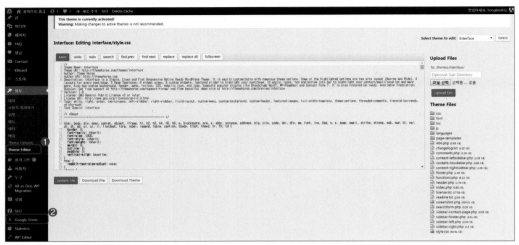

◆ theme editor 선택

04 #access a가 위치한 894번째 줄을 찾아갑니다. 894번째 줄 #access a 영역 font-weight : bold; 추가, font-size : 14px;를 font-size : 16px;로 변경 후 [Update File] 버튼을 클릭하여 메뉴 폰트 굵기와 크기 변경 작업을 완료합니다.

◆ 메뉴 폰트 굵기, 크기 변경

05 메인 메뉴 폰트가 굵고 크게 변경된 것을 확인 할 수 있습니다.

◆ 메뉴 폰트 굵기, 크기 변경 확인

04 푸터영역에 이미지 로고 넣기

푸터영역의 CONTACT US를 이미지로 변경해보겠습니다.

◆ 푸터영역 CONTACT US

01 로고 파일을 업로드합니다. 알림판에서 '미디어–파일 올리기' 메뉴를 선택한 후 새 미디어를 업로드 영역에서 [파일을 선택하세요] 버튼을 클릭합니다.

◆ 로고 파일 업로드

02 열기 창에서 로고 이미지를 선택한 후 [열기] 버튼을 클릭합니다.

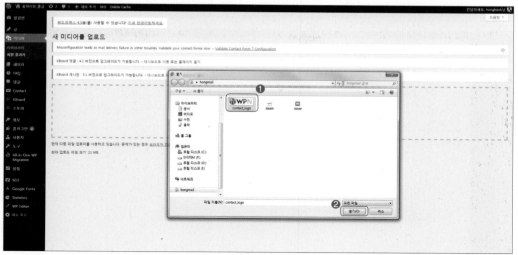

◆ 로고 이미지 업로드

03 로고 이미지를 업로드한 후 '편집' 텍스트를 클릭합니다.

◆ 편집 클릭하기

04 업로드 된 이미지의 파일 URL(http://hongma3.cafe24.com/wp-content/uploads/2016/04/
contact_logo.png)을 복사합니다.

◆ 파일 URL 복사

05 알림판에서 '외모-위젯' 메뉴를 선택한 후 위젯 페이지에서 'Footer - Column3-CONTACT
US' 박스를 클릭하여 활성화합니다.

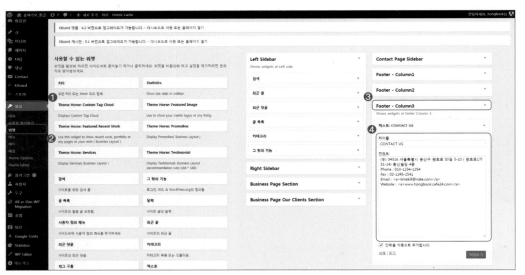

◆ 위젯 CONTACT US 박스 활성화

06 제목의 CONTACT US를 삭제하고 "(우) 04316 서울특별시 용산구 원효로 83길 5-10 (원효
로1가 51-14) 동신빌딩 4층" 위 이미지 태그 안에 복사해둔 로고 이미지 URL을 붙여 넣은 후
[저장하기] 버튼을 클릭하여 작업을 완료합니다.

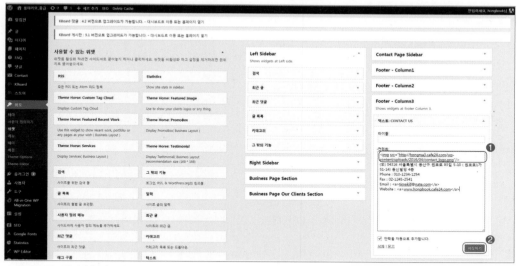

◆ 푸터에 로고이미지 넣기

07 푸터영역에 로고 이미지가 삽입된 것을 확인할 수 있습니다.

◆ 푸터영역 로고 이미지 확인

05 사이트 요소 색상 변경하기

사이트 요소의 색상을 #63c6ae에서 #8b7160으로 변경해 보겠습니다.

01 slogan warp 색상 변경하기

01 F12 키를 누른 후 개발자 도구에서 요소 선택 화살표 아이콘을 클릭하고 slogan wrap을 선택합니다.

◆ slogan wrap 선택

02 개발자 도구 CSS 창의 .slogan-wrap 영역에 background-color: #63C6AE;를 background-color: #8b7160;로 변경하면 배경 색상이 변경되는 것을 확인 할 수 있습니다.

```
.slogan-wrap {
background-color: #8b7160;
padding: 20px 0;
border-top: 1px solid rgba(0, 0, 0, 0.1);
border-bottom: 1px solid rgba(0, 0, 0, 0.1);
margin-top: -1px;
}
```

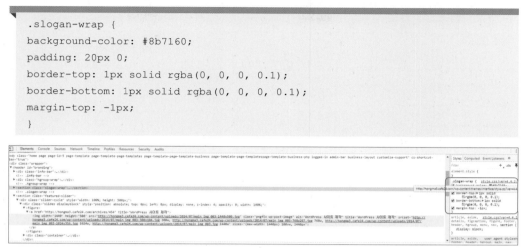

◆ sloganwrap CSS영역 색상 변경

03 알림판에서 '외모-Theme Editor' 메뉴를 클릭합니다.

◆ theme editor 선택

04 사이트 요소의 전체 색상을 #63c6ae에서 #8b7160로 변경할 것이기 때문에 Edit Themes 상단에서 [replace all] 버튼을 클릭합니다. 오른쪽 상단 Replace 박스에 #63c6ae를 넣고 `Enter` 키를 누릅니다.

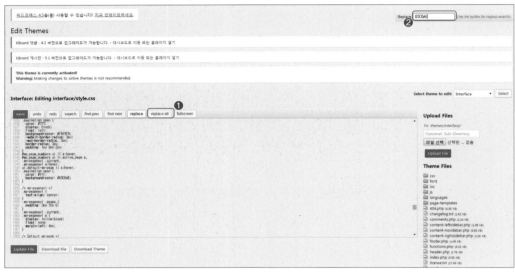

◆ replace all

05 다음 With 박스에 #8b7160을 넣고 `Enter` 키를 누르면 색상이 변경됩니다. [Update file] 버튼을 클릭하여 색상 변경 작업을 완료합니다.

◆ replace 색상 변경 작업 완료

◆ 일반 색상 변경

일반 색상 변경은 되었지만 슬라이더와 아이콘은 색상이 변하지 않은 것을 확인 할 수 있습니다. 나머지 슬라이더와 아이콘의 색상까지 변경해보겠습니다.

02 슬라이더 문구 영역 변경하기

01 F12 키를 누른 후 개발자 도구에서 요소 선택 화살표 아이콘을 클릭하고 슬라이드 문구를 선택합니다.

◆ 슬라이더 문구 선택

02 개발자 도구 CSS 창의 .featured-text .featured-title 영역에 background-color: rgba(99, 198, 174, 0.9);를 background-color: #8b7160;으로 변경하면 슬라이드 문구색상이 변경되는 것을 확인할수 있습니다.

```css
.featured-text .featured-title {
font-size: 35px;
font-weight: bold;
text-transform: uppercase;
line-height: 42px;
padding: 10px 20px;
background-color: #8b7160;
color: #fff;
}
```

◆ featured CSS영역 rgba값 변경

.featured-text .featured-title의 CSS가 1030번째 위치해 있다는 것을 기억해둡니다.

03 알림판에서 '외모-Theme Editor' 메뉴를 클릭합니다

◆ theme editor 선택

04 .featured-text .featured-title가 위치한 1030번째 줄을 찾아갑니다. 1030번째 줄 .featured-text .featured-title 영역 안에 background-color: rgba(99, 198, 174, 0.9);를 background-color: #8b7160;으로 변경 후 [Update File] 버튼을 클릭하여 색상 변경 작업을 완료합니다.

◆ rgba 색상 변경

05 슬라이드 문구 영역의 색상이 변경된 것을 확인 할 수 있습니다.

◆ 슬라이더 문구 영역 색상 변경 확인

03 아이콘 색상 변경하기

아이콘은 이미지이기 때문에 색상값 적용이 안됩니다. 이미지를 변경하는 방법으로 색상을 변경해보겠습니다

◆ 아이콘 변경 전

01 알림판에서 '미디어-파일 올리기' 메뉴를 선택하고 변경시킬 아이콘들을 선택한 후 [열기] 버튼을 클릭하여 업로드합니다.

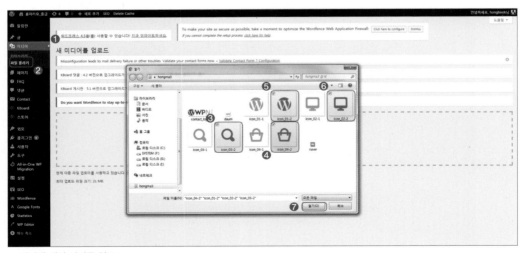

◆ 변경된 색상 아이콘 업로드

02 알림판에서 '페이지-모든 페이지' 메뉴를 클릭한 후 해당 아이콘의 페이지를 선택합니다.

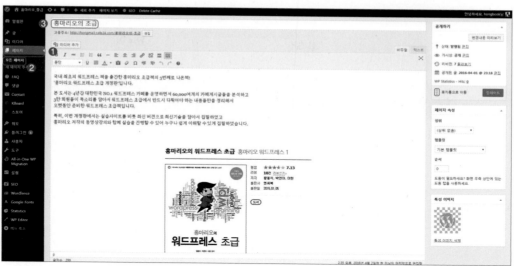

◆ 해당 아이콘 페이지 선택

03 '특성이미지 삭제'를 클릭하여 이전에 설정된 특성이미지를 삭제하고 변경된 색상 아이콘 이미지를 특성이미지로 설정합니다. 변경이 완료되면 [업데이트] 버튼을 클릭하여 아이콘 변경 작업을 완료합니다.

◆ 특성이미지 변경

04 나머지 해당 페이지도 같은 작업을 해주면 아이콘 색상이 모두 변경된 것을 확인할 수 있습니다.

◆ 아이콘 색상 모두 변경 확인

06 한글 폰트 적용하기

하루에 적지 않은 양의 글들을 읽게 됩니다. 사용자 입장에서 볼 때 가독성은 사이트 전반적인 면에서 많은 영향을 끼칩니다. 비록 사람들의 눈에 보이지는 않지만 글꼴의 심미성 효과는 분명히 존재합니다. 아주 작은 배경색 차이 또한 영향을 줍니다. 이 레슨에서는 한글 폰트 적용법과 최신글 폰트, 배경 색상 변경에 대해 알아보겠습니다.

워드프레스는 기본적으로 영문 폰트를 사용하기 때문에 콘텐츠가 한글인 경우에는 별로 예뻐 보이지 않습니다. 가독성이 높은 한글 폰트를 직접 적용해 주어야 합니다. 직접 폰트를 업로드해서 사용하면 트래픽이 많이 발생합니다. 이러한 트래픽을 줄이기 위해 웹폰트를 사용합니다. 대표적인 것이 바로 구글 웹폰트(Google Webfont) 서비스이며, 그 외 나눔폰트, 노토산스, 제주고딕, 한나체, 바탕체 등도 있습니다. 이 중 가장 많이 사용하는 나눔고딕 폰트 적용해 보겠습니다.

01 구글 웹폰트를 적용하기 위해 구글 폰트 사이트(https://www.google.com/fonts)에 접속합니다. 우측 상단의 more scripts 링크를 클릭합니다.

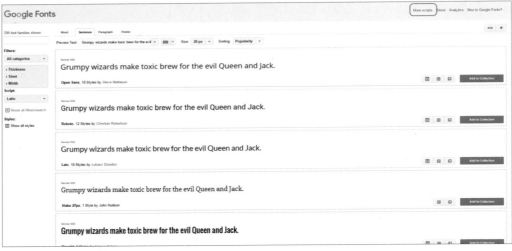

◆ 구글 웹폰트 사이트 접속

02 Ctrl + F 키를 눌러 찾기를 활성화 합니다. 입력 박스에 Nanum Gothic을 입력 후 Enter 키를 누르면 Nanum Gothic 폰트에 대한 정보가 나옵니다.

◆ 나눔고딕 폰트 찾기

03 나눔고딕을 CSS에 추가(삽입)하기 위해 나눔고딕 폰트의 Link 코드 값을 복사합니다.

@import url(http://fonts.googleapis.com/earlyaccess/nanumgothic.css);

Nanum Gothic (Korean)

The Nanum fonts (Korean : 나눔글꼴) are unicode fonts designed especially for the Korean-language script, designed by Sandoll Communications (Korean : 산돌 커뮤니케이션) and Fontrix (Korean : 폰트릭스). The publisher is Naver. Nanum Gothic is a contemporary sans-serif with a warm touch and is expertly hinted for screen use.

Link

```
@import url(http://fonts.googleapis.com/earlyaccess/nanumgothic.css);
```

Example

```
font-family: 'Nanum Gothic', sans-serif;
```

SIL Open Font License, 1.1 | Download

◆ 나눔고딕 폰트 링크값 복사

04 Theme Editor로 되돌아와 최상단에 복사한 Link 값을 붙여넣기 합니다.

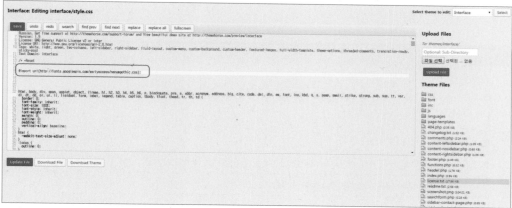

◆ 나눔고딕 링크값 붙여넣기

05 나눔고딕 폰트를 적용할 각 태그들을 지정해보겠습니다. 가장 많이 사용하는 태그인 body, li, p, select, input, option, button, h1, h2, h3, h4, h5, h6 뒤에 Example에 있는 font-family를 복사하여 붙여넣어줍니다.

```
{ font-family: 'Nanum Gothic', sans-serif; }
```

작성 후 [Update File] 버튼을 클릭하면 폰트 적용이 완료됩니다.

> **TIP** 　두 단어 폰트명 지정과 font-family 속성
>
> 폰트명이 두 단어인 경우에는 'Nanum-Gothic' 처럼 폰트명을 따옴표로 감싸야 합니다.
> {font-family: 'Nanum Gothic', sans-serif;}에서 font-family 속성에서는 여러 개의 폰트를 콤마로 구분해서 지정할 수 있습니다.

메인페이지 게시판에 등록된 최근 게시물의 제목/작성일 폰트스타일, 내용 배경 색상을 변경해 보도록 하겠습니다.

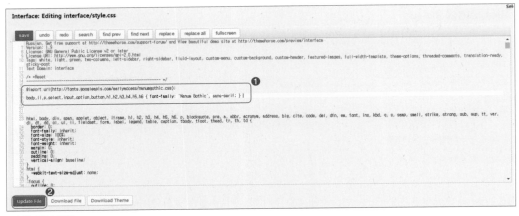

◆ 나눔폰트 적용

영문 사이트는 보기가 좋지만 국문 사이트일 경우 폰트체가 부자연스럽게 출력됩니다. 국내 한글 폰트가 무료로 배포되면서 웹폰트가 늘어가는 추세입니다. 워드프레스로 제작한 웹사이트의 완성도를 높이는 데 유용하게 사용할 수 있는 웹폰트를 소개합니다.

❶ 본고딕 (본고딕 폰트체 적용)

@import url(http://fonts.googleapis.com/earlyaccess/notosanskr.css);
font-family: 'Noto Sans KR', sans-serif;

❷ 나눔고딕 (나눔고딕 폰트체 적용)

@import url(http://fonts.googleapis.com/earlyaccess/nanumgothic.css);
font-family: 'Nanum Gothic', serif;

❸ 나눔고딕 (나눔고딕 폰트체 적용)

@import url(http://fonts.googleapis.com/earlyaccess/nanumgothic.css);
font-family: 'Nanum Gothic', serif;

❹ 나눔명조 (나눔명조 폰트체 적용)

@import url(http://fonts.googleapis.com/earlyaccess/nanummyeongjo.css);
font-family: 'Nanum Myeongjo', serif;

❺ 나눔붓글씨 (나눔붓글씨 폰트체 적용)

@import url(http://fonts.googleapis.com/earlyaccess/nanumbrushscript.css);
font-family: 'Nanum Brush Script', serif;

❻ 나눔손글씨 (나눔손글씨 폰트체 적용)

@import url(http://fonts.googleapis.com/earlyaccess/nanumpenscript.css);

font-family: 'Nanum Pen Script', serif;

❼ 제주고딕 (제주고딕 폰트체 적용)

@import url(http://fonts.googleapis.com/earlyaccess/jejugothic.css);

font-family: 'Jeju Gothic', serif;

❽ 제주명조 (제주명조 폰트체 적용)

@import url(http://fonts.googleapis.com/earlyaccess/jejumyeongjo.css);

font-family: 'Jeju Myeongjo', serif;

❾ 제주한라산 (제주한라산 폰트체 적용)

@import url(http://fonts.googleapis.com/earlyaccess/jejuhallasan.css);

font-family: 'Jeju Hallasan', serif;

07 KBoard 최근 게시물 수정하기

메인페이지 게시판에 등록된 최근 게시물의 제목/작성일 폰트스타일, 내용 배경 색상을
변경해 보도록 하겠습니다.

01 제목, 작성일 폰트스타일 변경하기

01 F12 키를 누른 후 개발자 도구에서 요소 선택 화살표 아이콘을 클릭하고 제목을 선택합니다.

◆ 제목 선택

02 개발자 도구에서 '#kboard-customer-latest table th'을 선택합니다. CSS 창에서 다음 소스를 추가하면 제목, 작성일 폰트스타일이 변경되는 것을 확인할 수 있습니다.

```
#kboard-customer-latest table th {
font-weight: bold;
font-size: 14px;
font-style: italic;
text-decoration: underline;
padding: 5px 0;
border: 0;
text-align: center;
}
```

◆ kboard-customer-latest table th CSS영역 수정

'#kboard-customer-latest table th'의 CSS가 KBoard 플러그인 내에 위치해 있기 때문에 style.css에 새로 추가해야 합니다.

03 알림판에서 '외모-Theme Editor' 메뉴를 클릭합니다.

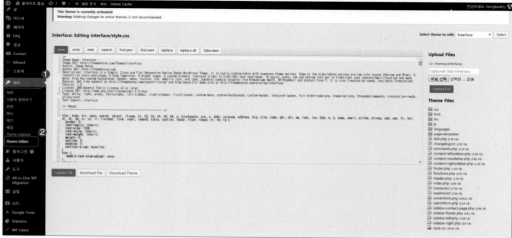

◆ theme editor 선택

04 style.css 편집기 창 가장 하단에 다음 소스를 추가 후 [Update File] 버튼을 클릭하여 제목, 작성일 폰트스타일 변경 작업을 완료합니다.

```
#kboard-customer-latest table th {
font-weight:bold;
font-size:14px; font-style:italic;
text-decoration:underline;
```

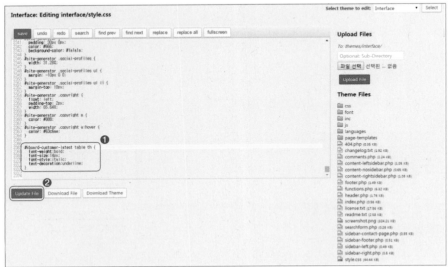

◆ 제목, 작성일 폰트스타일 변경

○2 내용 배경 색상 변경하기

01 F12 키를 누른 후 개발자 도구에서 요소 선택 화살표 아이콘을 클릭하고 게시판 내용 첫 번째 줄을 선택합니다.

◆ 게시판 내용 첫 번째 줄선택

02 개발자 도구에서 '#kboard-customer-latest table td'을 선택합니다. CSS 창에서 '#kboard-customer-latest table td 영역에 'background-color : #f9f9f9;'를 추가하면 내용 배경 색상이 변경되는 것을 확인 할 수 있습니다.

```
#kboard-customer-latest table td {
padding: 5px 0;
border: 0;
border-top: 1px solid #e3e3e3;
background-color: #f9f9f9;
```

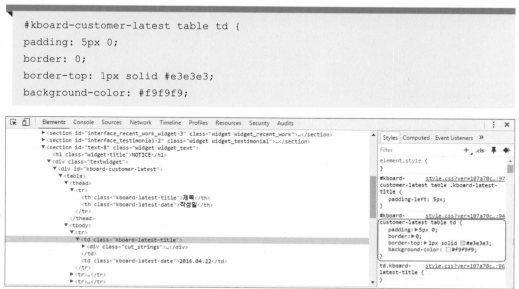

◆ kboard-customer-latest table td CSS영역 수정

'#kboard-customer-latest table td'의 CSS가 KBoard 플러그인 내에 위치해 있기 때문에 style.css에 새로 추가해야 합니다.

03 알림판에서 '외모-Theme Editor' 메뉴를 클릭합니다.

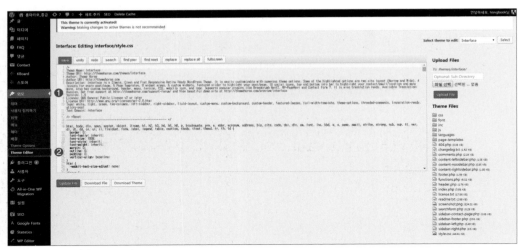

◆ theme editor 선택

04 style.css 편집기 창 가장 하단에 '#kboard-customer-latest table th { background-color:#f9f9f9;}'를 추가한 후 [Update File] 버튼을 클릭하여 내용 배경색상 변경 작업을 완료합니다.

```
#kboard-customer-latest table td {
background-color:#f9f9f9;
}
```

◆ 내용 배경 색상 변경

05 메인 페이지에서 최근 게시물 Q&A게시판의 제목/작성일 폰트 스타일과 내용 배경색상이 변경된 것을 확인할 수 있습니다.

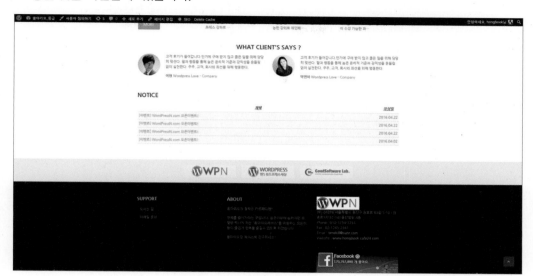

워드프레스 TIP은 사이트 제작 후 가장 필요한 유용한 정보들로 구성 되어 있습니다. 제작이 완료 되었다면 제작된 사이트를 알리는 것도 중요합니다. 아무리 사이트를 잘 만들어도 아무도 방문하지 않으면 의미 없는 사이트가 됩니다. 네이버 및 구글에 사이트 노출하는 방법을 알아보겠습니다. 그리고 간혹 아이디 및 비밀번호를 분실하는 경우가 있으며, 비밀번호는 초기화가 가능하지만 아이디는 찾을 수가 없으므로 데이터 베이스 관리 프로그램인 phpMyAdmin을 이용하여, 재설정하는 방법에 대해서도 알아보도록 하겠습니다.

CHAPTER
05

워드프레스 웹사이트 운영
200% 활용하기

01 워드프레스 데이터베이스 관리하기

테이터베이스 관리 프로그램인 phpMyAdmin을 활용하여, 사용자 아이디 변경, 자주 분실하는 비밀번호 변경 등을 실습을 통해 진행해 보도록 하겠습니다.

01 phpMyAdmin이란?

워드프레스는 웹브라우저를 통해서 데이베이스를 관리할 목적으로 phpMyAdmin을 사용합니다.

phpMyAdmin에서 데이터베이스 백업, 복원, 수정, 삭제가 가능합니다.

◆ phpMyAdmin 화면

phpMyAdmin은 4.2.13 버전(2014년12월 기준)이 출시 되어 있으며, phpMyAdmin 최신 버전 사용 시 MySQL 5.5 버전 이상만 사용 가능합니다.

웹호스팅 업체인 Cafe24(http://cafe24.com)는 MySQL 5.3 버전을 지원하며, 닷홈(http://dothome.co.kr)은 MySQL 5.1 버전을 지원하기 때문에 phpMyAdmin 4.2.13 최신 버전을 사용할 수 없습니다.

phpMyAdmin 3.5.6 하위 버전은 워드프레스앤 네이버카페에서 제공되는 "중급책 자료 〉 04.다운로드파일 〉 02.phpMyAdmin 〉 phpMyAdmin 자료"에서 제공됩니다.

여기서는 phpMyAdmin 3.5.6 하위 버전으로 설치하여 실습을 진행하도록 하겠습니다.

웹호스팅 업체에서 지원하는 테이터베이스 관리 프로그램을 활용을 하여도 좋습니다.

아래의 표는 웹호스팅 업체에서 지원하는 테이터베이스 관리 도구 안내입니다.

항목	카페24	닷홈
URL	http://goo.gl/Y2ivgJ	아이디.dothome.co.kr/myadmin
데이터베이스 관리도구	MySQL 웹어드민 지원	phpMyAdmin 지원
폰트지정	나의 서비스관리 〉 서비스 접속관리〉 MySQL 웹어드민	마이닷홈 〉 호스팅관리 〉 상세보기

◆ 카페24와 닷홈 비교

02 phpMyAdmin 설치하기

파일질라 FTP 프로그램 다운로드하고 설치하기

phpMyAdmin을 설치하기 위해서는 파일질라 FTP 프로그램이 필요합니다.

파일질라 설치에 대해서 자세히 알고 싶으면 "1장 Lesson 02 커스터마이징 준비하기"의 03 차일드 테마 설치하기를 참조합니다.

01 파일질라 실행 파일인 FileZilla_3.8.1.0_win64_setup.exe 파일(버전은 다운로드 시점에 따라 다를 수 있습니다.)을 더블클릭한 후 설치를 진행합니다. 설치 완료 후 실행하면 다음과 같은 파일질라 메인화면이 나타납니다.

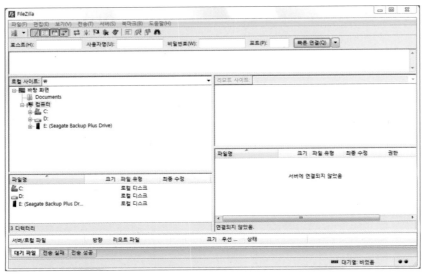

◆ 파일질라 실행화면

02 파일질라 FTP를 설정합니다. 파일질라 상단에 호스트(사이트 주소), 사용자명(아이디), 비밀번호(FTP 비밀번호)를 입력한 후 [빠른연결] 버튼을 클릭하면 리모트 사이트(웹서버)에 접속됩니다.

예 호스트 : hongmabook2.cafe24.com   사용자명 : hongmabook2

◆ 파일질라 리모트 접속화면

phpMyAdmin 설치와 데이터베이스 연결하기

01 phpMyAdmin설치를 위해 워드프레스앤 네이버 카페에서 제공되는 중급책 자료의 "중급
책 자료 〉 04.다운로드파일 〉 02.phpMyAdmin 〉 phpMyAdmin" 폴더를 열고 리모트 사이트에
phpMyAdmin 폴더를 www 폴더 안에 업로드를 진행합니다. 다음은 업로드가 완료된 화면입니다.

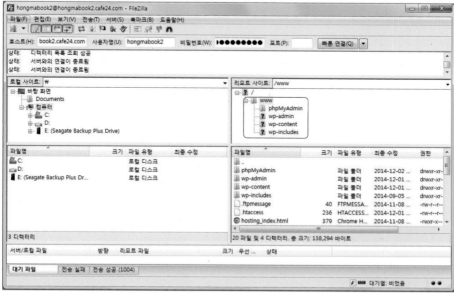

◆ 파일질라 phpMyAdmin 업로드 화면

02 phpMyAdmin 웹 접속 시 사이트 주소 뒤에 '/phpMyAdmin'를 입력하면, 사이트 접속이 완료
됩니다.

예 hongmabook2.cafe24.com/phpMyAdmin

◆ phpMyAdmin 웹 접속

03 phpMyAdmin에 로그인합니다. 사용자명(아이디)와 암호(DB 비밀번호)는 워드프레스를 설치
할 때 입력하였던 아이디와 비밀번호로 로그인할 수 있습니다. 만약에 아이디나 비밀번호를
분실하셨을 경우에는 워드프레스가 설치되어 있는 디렉토리의 wp-config.php 파일에서 확인
할 수 있습니다.

[wp-config.php 참고 예]

```
/** MySQL database username */
define('DB_USER', 'hongmabook2');

/** MySQL database password */
define('DB_PASSWORD', 't1234567890');
```

로그인 정보를 입력하고 [실행] 버튼을 클릭하면 접속이 완료됩니다.

◆ phpMyAdmin 로그인

04 왼쪽 상단에 워드프레스 데이터베이스 사용자명을 클릭하면 데이터베이스가 페이지로 이동되며
워드프레스 데이터베이스를 선택할 수 있습니다. 여기서는 'hongmabook2'를 클릭합니다.

◆ phpMyAdmin 로그인 후 화면

기본적으로 11개의 테이블이 생성되어 있으며, 각각의 데이터 테이블을 소개해 드리겠습니다.

테이블명	설명	연관된 사용자 인터페이스
wp_commentmeta	각각의 코멘트에 대한 메타데이터를 저장하는 테이블입니다.	Administration 〉 Comments 〉 Comments
wp_comments	코멘트를 저장하는 테이블입니다.	Administration 〉 Comments 〉 Comments
wp_links	링크와 연관된 정보를 저장하는 테이블이며, 워드프레스의 Links에서 입력되는 링크입니다.	Administration 〉 Links 〉 Add New Administration 〉 Links 〉 Links
wp_options	Administration 〉 Settings 패널에서 설정된 Options들이 저장되는 테이블입니다. 참조 : Option Reference—옵션 이름들과 기본값 설명이 되어있습니다.	Administration 〉 Settings 〉 General Administration 〉 Settings 〉 Writing Administration 〉 Settings 〉 Reading Administration 〉 Settings 〉 Discussion Administration 〉 Settings 〉 Privacy Administration 〉 Settings 〉 Permalinks Administration 〉 Appearance 〉 Widgets
wp_postmeta	각 포스트에 연관된 메타데이터를 저장하는 테이블입니다. 플러그인 작성 시 이 테이블에 원하는 정보를 추가(임의의 메타데이터 이름 생성 가능)할 수도 있습니다.	Administration 〉 Posts 〉 Add New Administration 〉 Pages 〉 Add New
wp_posts	워드프레스 데이터의 가장 중요한 부분인 포스트가 저장되는 테이블입니다. 페이지와 내비게이션 메뉴 아이템들도 이 테이블에 저장됩니다.	Administration 〉 Posts 〉 Add New Administration 〉 Posts 〉 Posts Administration 〉 Pages 〉 Add New Administration 〉 Pages 〉 Pages Administration 〉 Media 〉 Add New Administration 〉 Media 〉 Library Administration 〉 Appearance 〉 Menus
wp_terms	포스트와 링크의 카테고리, 포스트에 대한 태그가 저장되는 테이블입니다.	Administration 〉 Posts 〉 Post Tags Administration 〉 Posts 〉 Categories Administration 〉 Links 〉 Link Categories Administration 〉 Posts 〉 Add New Administration 〉 Posts 〉 Posts Administration 〉 Pages 〉 Add New Administration 〉 Page 〉 Pages
wp_term_relationships	포스트들은 카테고리들과 태그들(카테고리와 태그는 wp_terms에 저장됨.)에 의해 연관 지어집니다. 이 관계를 지어주는 관계테이블이 wp_term_relationships입니다. 또한, 링크들이 각각의 카테고리와 연관 지어지는 관계도 이 테이블에 저장됩니다.	
wp_term_taxonomy	이 테이블은 wp_terms 테이블에 저장된 엔트리들에 대해서 category, link, tag와 같은 분류 이름을 저장하는 테이블입니다.	background—image: url('이미지주소.jpg');
wp_usermeta	사용자에 대한 메타데이터를 저장하는 테이블입니다.	Administration 〉 Users
wp_users	사용자에 대한 정보를 저장하는 테이블입니다.	Administration 〉 Users

◆ 워드프레스 테이블_출처 http://codex.wordpress.org

03 데이터베이스 아이디/비밀번호 변경하기

phpMyAdmin 접속이 완료 되었습니다. 아이디/비밀번호 변경 작업을 단계적 실습으로
진행해 보겠습니다.

데이터베이스 아이디 변경하기

01 왼쪽 상단에 워드프레스 데이터베이스 사용자명을 선택하면 워드프레스 테이터베이스로 접속
됩니다.

예 hongmabook2

◆ phpMyAdmin 로그인 후 화면

워드프레스 데이터베이스 리스트 화면이 나타납니다.

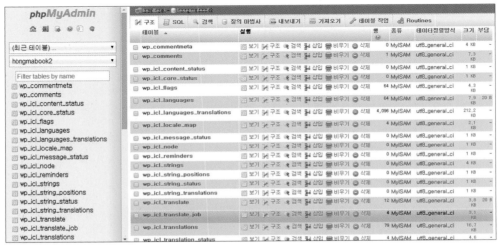

◆ phpMyAdmin 워드프레스 데이터베이스

02 아이디를 변경합니다. 사용자에 대한 정보를 저장하는 테이블은 wp_users입니다. 왼쪽 테이블 메뉴 리스트 wp_users 메뉴를 선택합니다.

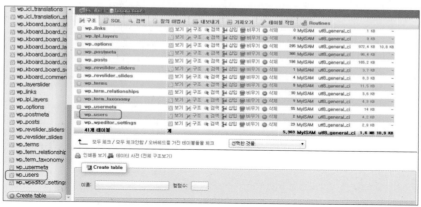

◆ phpMyAdminwp_users

03 user_login 아이디를 선택하면 입력 창이 활성화되며, 변경할 아이디를 입력하면 변경 후 자동 저장됩니다.

◆ phpMyAdmin 아이디 변경

데이터베이스 비밀번호 변경하기

데이터베이스 비밀번호를 변경하려면 알림판에서 '사용자-당신의 프로필'에서 수정 가능합니다. 비밀번호를 분실했을 경우만 해당 방법으로 비밀번호를 변경합니다.

비밀번호 변경 테이블은 아이디와 동일하게 진행되며, wp_users 테이블에 포함되어 있습니다. 단, 비밀번호는 암호화되어 있어 원하시는 비밀번호를 변경하려면 비밀번호를 암호화해야 합니다.

01 암호화 변환 사이트인 md5(www.md5encryption.com)에 접
속합니다.

◆ md5 사이트

02 md5 사이트 하단 입력 창에 변경할 비밀번호를 입력합니다. 예제에서는 1234567로 입력 후
[Encrypt It!] 버튼 클릭하면 아래의 비밀번호가 암호화 됩니다.

◆ md5 비밀번호 입력

03 Md5 하단에 암호화된 비밀번호는 'fcea920f7412b5da7be0cf42b8c93759'입니다.

◆ md5 비밀번호 암호화

04 phpMyAdmin을 이용하여 비밀번호 변경합니다. phpMyAdmin 페이지에서 아이디 변경 시와
동일하게 왼쪽 테이블 메뉴 리스트 wp_users 메뉴를 선택하여 그림과 같이 비밀번호 영역에
암호화된 비밀번호를 입력하면 변경된 비밀번호가 적용 됩니다.

예 fcea920f7412b5da7be0cf42b8c93759

◆ phpMyAdmin 비밀번호 적용

04 데이터베이스 백업/복원하기

워드프레스로 웹사이트를 제작한 후 작업자의 실수로 데이터 전체 또는 일부를 삭제할
수 있습니다. phpMyAdmin으로 데이터베이스를 백업 받을 수 있고, 워드프레스를 재설
치 하더라도 복구할 수도 있습니다. 백업 포맷(Format)은 여러 가지 유형이 있지만 가장
많이 쓰고 있는 SQL로 백업하여 실습을 진행하겠습니다.

데이터베이스 백업하기

01 워드프레스 데이터베이스를 선택합니다. 왼쪽 상단에 워드프레스 데이터베이스 사용자명을
클릭하면 데이터베이스가 페이지로 이동됩니다.

예 hongmabook2

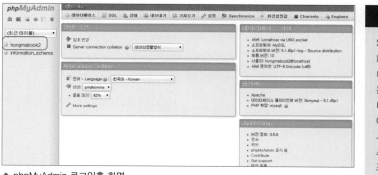

◆ phpMyAdmin 로그인후 화면

> **TIP** SQL이란?
>
> SQL(Structured Query
> Language)은 사용자와 관계형
> 데이터베이스를 연결시켜 주
> 는 표준 검색 언어입니다. 데이
> 터베이스에서 쓰이는 언어 중
> 에서 가장 널리 알려지고 많이
> 사용되고 있으며, 데이터베이
> 스 관련 프로그램들이 SQL을
> 표준으로 채택하고 있다.

02 SQL 내보내기 작업을 위해서 phpMyAdmin 상단의 '내보내기' 메뉴를 클릭합니다. 파일 포맷 (Format)에서 SQL을 선택한 후 [실행] 버튼을 클릭하면 데이터베이스 백업 파일이 다운로드 폴더에 다운로드 됩니다.

예 hongmabook2.sql

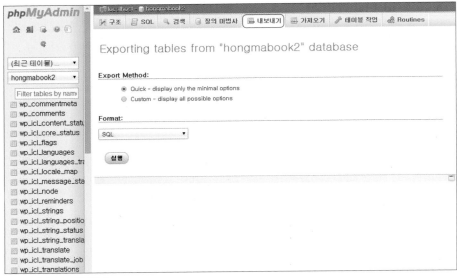

◆ phpMyAdmin 내보내기

데이터베이스 복원하기

01 워드프레스 데이터베이스를 선택합니다. 왼쪽 상단에 워드프레스 데이터베이스 사용자명을 클릭하면 페이지로 이동됩니다.

예 hongmabook2

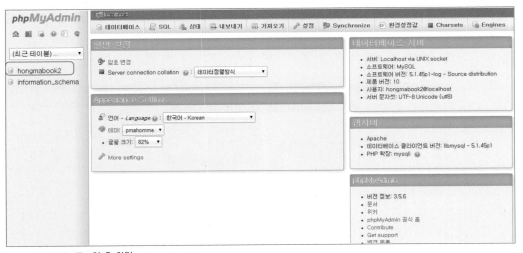

◆ phpMyAdmin 로그인 후 화면

02 phpMyAdmin 상단에서 '가져오기' 메뉴를 클릭합니다.

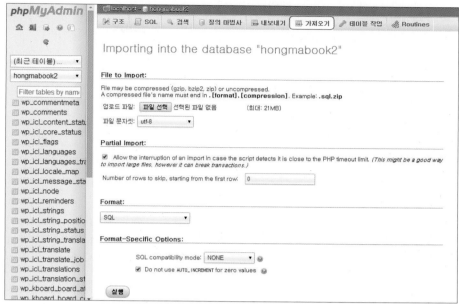

◆ phpMyAdmin 가져오기

03 SQL 백업 파일을 선택합니다. phpMyAdmin 가져오기 페이지의 File to Import 영역에서 [파일선택] 버튼을 클릭한 후 백업 파일(여기서는 hongmabook2.sql)을 선택하고 [열기] 버튼을 클릭합니다.

◆ phpMyAdmin 가져오기

04 워드프레스 복원을 실행합니다. Format에서 SQL을 선택하고 [실행] 버튼을 클릭합니다.

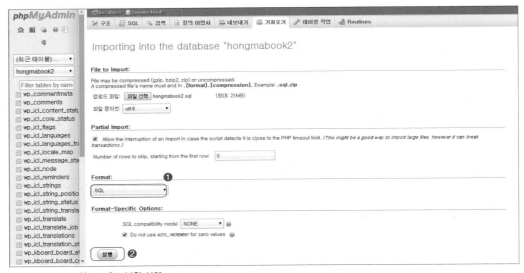

◆ phpMyAdmin 워드프레스 복원 실행

05 워드프레스 복원이 완료되었습니다.

◆ 복원 완료

02 네이버에서 검색 잘되는 사이트로 만들기

네이버 검색엔진에 사이트를 등록 방법이 변경(2016년 4월기준)되어 제작한 웹사이트를 등록하기 위해서는 네이버 웹마스터 도구를 사용해야 합니다. 또한 네이버 검색엔진의 검색에 잘나오는 웹사이트로 관리하려면 네이버 웹마스터 도구가 필수입니다. 네이버 검색엔진의 사이트 등록 과정을 실습해 보겠습니다.

01 네이버 검색엔진에 연동할 사이트 추가하기

01 네이버 웹마스터 도구 사이트(webmastertool.naver.com)에 접속합니다. 네이버 검색창에서 네이버 웹마스터 도구를 입력하여 검색하는 방법과 웹브라우저에서 웹마스터 도구 사이트 주소(webmastertool.naver.com)를 입력하는 방법 2가지가 있습니다.

◆ 네이버 웹마스터 도구

02 네이버 웹마스터 도구 사이트 접속 후 로그인합니다. 단 회원가입 후 실습을 진행해야 합니다. 로그인하면 다음 그림과 같이 연동할 사이트/앱 추가 화면이 나타납니다. [사이트 추가] 버튼을 클릭합니다.

◆ 네이버 웹마스터 도구

03 연동 사이트/앱/채널 목록 페이지가 나타나면 사이트 탭에서 웹사이트에 사용할 도메인을 입력을 입력합니다. 예시로 카페24에서 제공하는 도메인(hongma3.cafe24.com)으로 입력하겠습니다. 사이트 주소를 입력 후 [확인] 버튼을 클릭합니다.

◆ 사이트 정보 입력

04 사이트 등록 시 소유 확인은 필수입니다. 'HTML 파일 업로드' 라디오 버튼을 클릭한 후 'HTML 확인 파일'을 클릭하여 파일을 다운로드한 후 HTML 파일(naverd0c2780...)을 업로드를 합니다.

◆ 사이트 소유 확인

05 다운로드한 파일을 파일질라 FTP 프로그램를 이용하여 웹서버에 업로드합니다. FTP 접속 방법은 이미 설명 드린 부분이라 웹서버 접속 화면부터 진행합니다. 다음 그림과 같이 오른쪽 리모트 www 폴더안에 업로드 합니다.

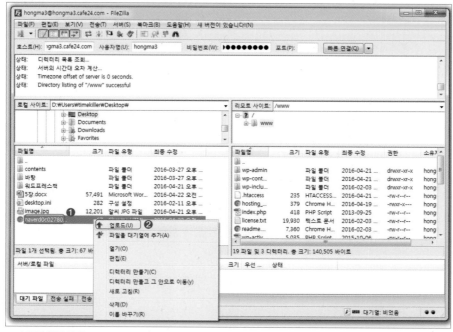

◆ 소유권 확인 절차

06 HTML 파일 업로드 완료 후 [확인] 버튼을 클릭합니다.

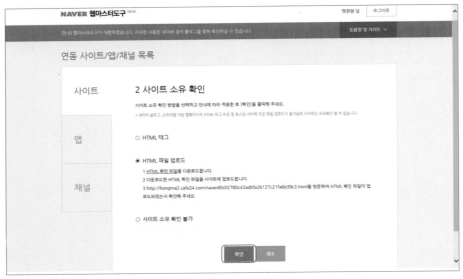

◆ 소유권 확인

07 소유권 확인이 완료 되었습니다. 단계별 사이트 정보입력을 실습해 보겠습니다. 이전 단계에서 입력한 사이트 주소를 클릭합니다. 여기서는 http://hongma3.cafe24.com 주소를 클릭합니다.

◆ 사이트 등록

사이트 노출 현황 살펴보기

01 [현황]–[사이트 노출] 메뉴를 클릭하면 사이트 노출 현황 정보를 확인할 수 있습니다.

◆ 사이트 노출 현황

Yoast SEO 플러그인을 설치하기

사이트명, 사이트설명, Open Graph 제목, Open Graph 설명을 손쉽게 추가하려면
Yoast SEO 플러그인을 설치하여 적용합니다.

01 워드프레스 알림판에서 [플러그인]–[플러그인 추가하기] 메뉴를 클릭합니다. 검색창에서
Yoast SEO를 검색한 후 설치를 진행합니다. 플러그인 설치방법은 지금까지의 과정과 동일하
며, 설치 후 활성화합니다.

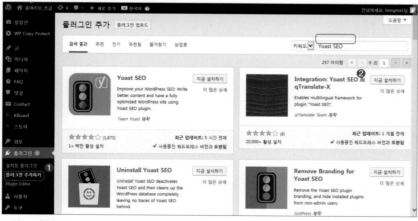

◆ Yoast SEO

02 Yoast SEO 플러그인을 이용하여 첫페이지 제목과 설명문구를 추가합니다. 알림판에서 [페이지]-[모든 페이지] 메뉴를 클릭한 후 [HOME]-[전면 페이지 편집]을 클릭합니다. HOME 편집 페이지 하단에 Yoast SEO 옵션 설정에서 [Edit snippet] 버튼을 클릭합니다.

◆ HOME 편집

03 타이틀과 설명문구를 입력합니다. 예시는 다음과 같습니다.

- 타이틀 : 홍마리오 중급
- 설명문구 : 대한민국 NO.1 워드프레스 커뮤니티, 워드프레스 책 8권 제작! WP강의 400회!

◆ HOME 편집

04 다음은 타이틀과 설명문구가 적용된 이후의 네이버 웹마스터 도구 화면입니다. 변경 작업 후 일정 시간이 지나야 반영 결과를 확인할 수 있습니다.

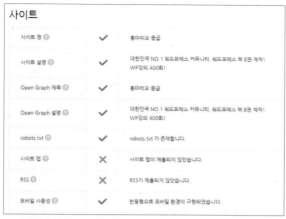

◆ 타이틀과 설명문구 적용 후

사이트맵 적용하기

사이트맵을 적용하기 위해서는 Sitemap.xml 파일이 필요합니다. Yoast SEO 플러그인에서 자동 생성해준 sitemap_index.xml 파일을 입력합니다.

01 네이버 웹마스터 도구 페이지에서 [요청]–[사이트맵 제출] 메뉴를 클릭합니다. 사이트맵 제출 페이지의 입력폼에 sitemap_index.xml을 입력한 후 [확인] 버튼을 클릭하여 제출합니다. 변경 작업 후 일정 시간이 지나야 반영 결과를 확인할 수 있습니다.

◆ 사이트맵 제출

02 RSS는 사이트내의 최신 콘텐츠를 담고 있는 파일입니다. 워드프레스는 RSS를 기본 제공하며, 사이트 주소 뒤에 다음 4가지 유형 중 한 가지를 입력한 후 [확인] 버튼을 클릭하면 RSS 제출이 완료됩니다. 변경 작업 후 일정 시간이 지나야 반영 결과를 확인할 수 있습니다.

- http://사이트 주소/?feed=rss
- http://사이트 주소/?feed=rss2
- http://사이트 주소/?feed=rdf
- http://사이트 주소/?feed=atom

◆ RSS 제출

03 등록 작업이 모두 완료 되었습니다. 마지막으로 페이지 수집 요청을 진행합니다. 네이버웹 마스터 도구 메인화면에서 [요청]–[페이지 수집] 메뉴에서 변경된 페이지 주소를 입력한 후 요청하면 수집 절차를 거치게 됩니다. [확인] 버튼만 클릭하면 첫 페이지를 수집 요청을 위한 모든 작업이 완료됩니다.

◆ 페이지 수집 화면

LESSON

03 구글에서 검색 잘되는 사이트로 만들기

구글 웹마스터 도구는 구글 검색결과를 사용자 사이트에서 모니터링 및 관리를 할 수 있게 구글에서 제공하는 서비스입니다. 구글 웹마스터 도구는 사이트가 어떻게 노출되었는지 확인하고 대응할 수 있기 때문에 웹사이트 운영에 많은 도움을 줍니다.

01 구글 웹마스터 도구에 연동할 사이트 추가하기

01 구글 웹마스터 도구 사이트(https://www.google.com/webmasters/tools/home?hl=ko)에 접속합니다. 구글 검색창에서 구글 웹마스터 도구를 입력하여 검색 방법과 웹브라우저에서 구글 웹마스터 도구 주소(https://www.google.com/webmasters/tools/home?hl=ko)를 입력하는 방법이 있습니다.

◆ 구글 웹마스터 도구

네이버 웹마스터 도구 사이트 접속 후 로그인합니다. 먼저 회원가입 후 실습을 진행해야 합니다. 로그인하면 다음 그림과 같이 연동할 사이트/앱 추가 화면이 나타납니다. [사이트 추가] 버튼을 클릭합니다.

02 구글 웹마스터 도구 사이트 접속 후 로그인합니다. 먼저 회원가입 후 실습을 진행해야 합니다. 로그인하면 다음 그림과 같이 보여집니다. 예시로 카페24에서 제공하는 도메인(hongma3. cafe24.com)으로 입력 하겠습니다. 사이트 주소를 입력 후 [속성 추가] 버튼을 클릭합니다.

◆ 구글 웹마스터 도구

03 사이트 등록 시 소유 확인은 필수입니다. '이 HTML 확인 파일'을 클릭하여 파일을 다운로드 한 후 HTML 파일을 업로드합니다.

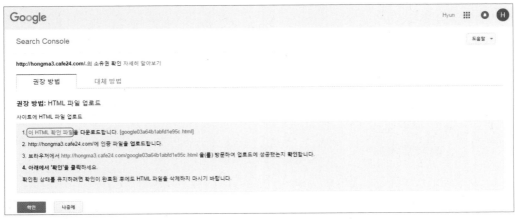

◆ 파일 업로드

04 다운로드한 파일을 파일질라 FTP 프로그램를 이용하여 웹서버에 업로드합니다. FTP 접속 방법은 이미 설명한 부분이라 웹서버 접속 화면부터 진행합니다. 다음 그림과 같이 오른쪽 리모트 www 폴더안에 업로드합니다.

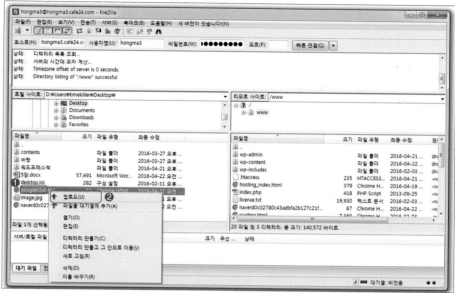

◆ 소유권 확인 절차

05 HTML 파일 업로드 완료 후 [확인] 버튼을 클릭합니다.

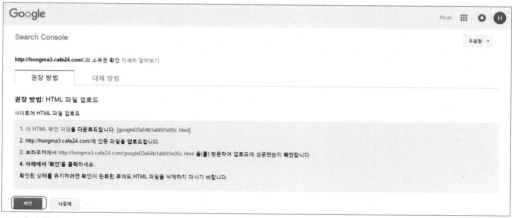

◆ 소유권 확인

06 소유권 확인이 완료되었습니다. 단계별 사이트 정보입력을 실습해 보겠습니다. 구글 웹마스터 도구에서 [크롤링]–[Sitemap] 메뉴를 클릭한 후 사이트맵 페이지에서 [Sitemap 추가/테스트] 버튼을 클릭합니다.

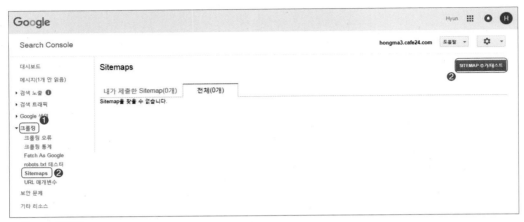

◆ Sitemap 페이지

07 사이트맵을 적용하기 위해서는 Sitemap.xml 파일이 필요합니다. Yoast SEO 플러그인에서 자동 생성해준 sitemap_index.xml 파일을 입력창에 입력합니다. 입력 후 [제출] 버튼을 클릭하면 모든 작업이 완료 됩니다.

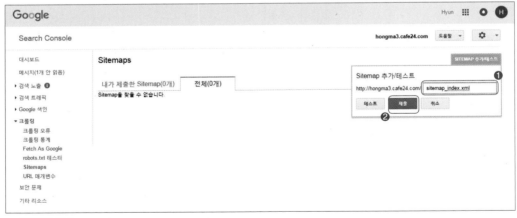

◆ 사이트맵 제출

04 웹사이트에 페이스북 페이지 연동시키기

페이지 플러그인을 사용하면 웹사이트에 쉽게 페이스북(Facebook) 페이지를 포함 (embed)시키고 홍보할 수 있습니다. 페이스북과 같이 웹사이트 방문자가 사이트를 이탈 하지 않은 상태에서 페이지를 공유하고 좋아요를 클릭할 수 있습니다.

본 작업을 하려면 반드시 자신의 페이지(페이지주소URL)이 있어야만 가능합니다.

저희 워드프레스앤 페이지(www.facebook.com/wphomepage) 로 설정해보도록 하겠 습니다.

• 제공 사이트 : https://developers.facebook.com/docs/plugins/page-plugin

◆ 페이스북 페이지 연동

01 페이스북 페이지 URL, 너비, 높이, 작은 머리글 사용, 플러그인 컨테이너 너비에 맞춤, 커버 사진 숨기기, 친구 얼굴 보기 옵션 중 선택하면 실시간 적용 미리보기가 변경되며, 사이트 환경에 맞는 옵션을 선택한 후 [코드받기]를 클릭합니다.

◆ 페이스북 연동 소스

02 상단의 iFrame 탭을 클릭합니다. 소스를 복사한 후 텍스트 위젯을 사용하여 Footer-Column3에 추가해 보겠습니다. 알림판에서 [외모]-[위젯] 메뉴를 클릭합니다. 텍스트 위젯을 드래그하여 Footer-Column3에 적용합니다.

◆ 텍스트 위젯 적용하기

03 복사한 아이프레임 소스를 텍스트 위젯에 붙여넣기 후 [저장하기]를 클릭합니다.

```
<iframe src="https://www.facebook.com/plugins/page.
php?href=https%3A%2F%2Fwww.facebook.com%2Ffacebook&tabs=timeline&widt
h=340&height=500&small_header=false&adapt_container_width=true&hide_
cover=false&show_facepile=true&appId" width="340" height="500" st
yle="border:none;overflow:hidden" scrolling="no" frameborder="0"
allowTransparency="true"></iframe>
```

단, 위의 소스값은 여러분들의 페이스북 페이지 주소에 따라 다를 수 있으니 참고바랍니다.

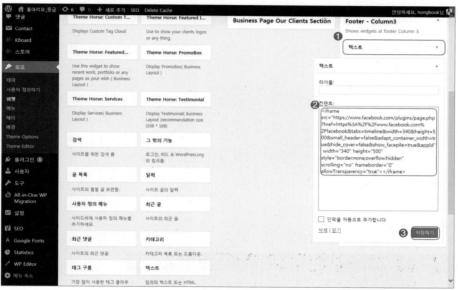

◆ 위젯 페이지

04 다음은 페이스북 페이지 적용 화면입니다.

◆ 페이스북 페이지 적용 화면

05 그라바타로 손쉽게 사진 업로드하기

워드프레스에서는 프로필 이미지를 등록하는 기능이 없으므로, 그라바타(Gravatar) 서비스를 이용하여 연동하면 사진을 쉽게 업로드할 수 있습니다.

그라바타에 자신의 프로필 사진과 이메일을 등록하면, 워드프레스에서 포스팅 및 댓글에 프로필 사진이 자동으로 보여집니다.

01 그라바타 사이트(ko.gravatar.com)에 접속합니다.

◆ 그라바타 사이트

02 그라바타 메인화면에서 [Create Your Own Gravatar] 버튼을 클릭한 후 회원가입 합니다.

◆ 그라바타 사이트

03 회원가입 정보 입력(E-mail Address , Username, Password)를 입력한 후 [Sign up] 버튼을
클릭합니다.

◆ 그라바타 회원가입 정보 입력

04 "확인 이메일이 전송되었습니다." 인증 메시지가 나타납니다.

◆ 그라바타 이메일 인증페이지

05 입력한 메일 사이트에서 인증 메일을 확인한 후 [Activate Account] 버튼 클릭하면 인증이 완료됩니다.

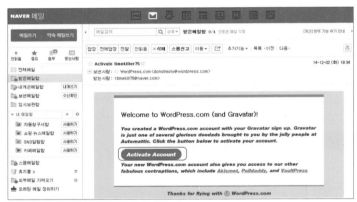

◆ 그라바타 이메일 인증하기

06 [Sign in to Gravatar] 버튼을 클릭하면 자동으로 그라바타 사이트에 로그인됩니다.

◆ 그라바타 접속하기

07 [Add one by clicking here!] 버튼을 클릭하면 프로필 이미지 등록 페이지로 이동합니다.

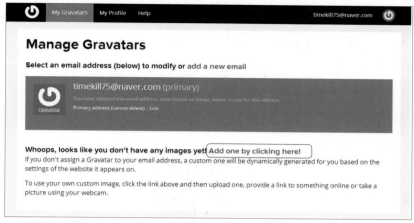

◆ 그라바타 접속 화면

08 그라바타 프로필 이미지 선택 분류 페이지가 나타납니다. 여기서는 컴퓨터의 하드 드라이브
에 있는 이미지로 등록하여 실습을 진행 하겠습니다.

- My computer's hard drive : 컴퓨터의 하드 드라이브
- An image on the internet : 인터넷에서 이미지
- A previously uploaded image : 이전에 업로드 된 이미지
- A webcam attached to your computer : 컴퓨터에 연결된 웹캠 이용

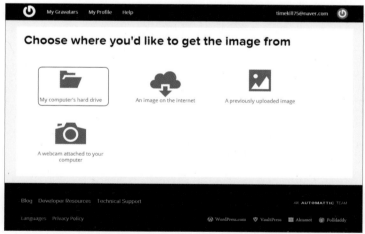

◆ 그라바타 프로필 이미지 선택 분류

09 [파일 선택] 버튼을 클릭한 후 프로필 사진으로 등록될 이미지를 선택하고 [열기] 버튼을 클릭합니다.

◆ 그라바타 프로필 이미지 선택

10 [Next] 버튼 클릭하여 프로필 사진 사이즈 교정 페이지로 이동합니다.

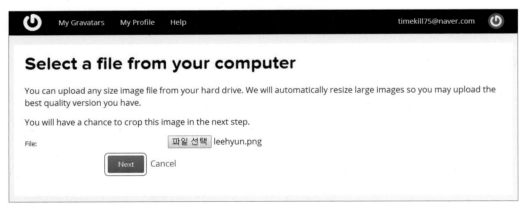

◆ 그라바타 프로필 이미지 등록 단계

11 그라바타 프로필 이미지의 조절점을 드래그하여 크기를 조정한 후 [Crop and Finish!] 버튼을
클릭하면 프로필 사진 등록이 완료됩니다.

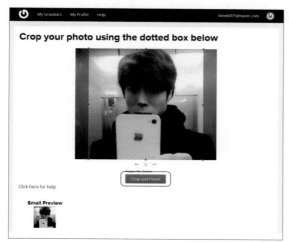

◆ 그라바타 프로필 이미지 조정

12 그라바타 프로필 이미지 등록이 완료되었습니다.

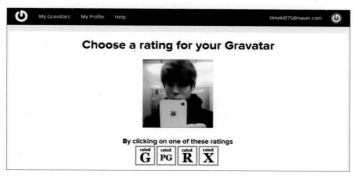

◆ 그라바타 프로필 등록 완료

동영상 학습 및 질문게시판 이용 방법

New 홍마리오의 워드프레스 중급 도서는 가장 어렵다고 느낄 수 있는 실습부분에 대한 동영상강좌를 제공함으로써 언제든지 혼자서도 실습을 할 수 있다는 장점이 있습니다. 또한, 책을 보면서 궁금한 사항은 카페의 Q&A 게시판을 통해 저자와 커뮤니케이션을 통해 다양한 사후학습이 가능하다는 점이 장점입니다.

실습 위주로 구성되어 책을 보면서 직접 PC앞에서 실습을 할수 있게 함으로서 예제사이트를 동일하게 구축이 가능하고 또한 워드프레스앤 카페(cafe.naver.com/wphome)사이트에서 책 관련 내용을 언제든지 온라인 공간을 통해 소통을 할 수 있습니다.

다만, 동영상을 수강하시려면 아래의 방법으로 이용해야 하므로 참고하시기 바랍니다. 또한, 동영상과 책 내용을 보면서 이해가 안 되는 부분은 질문게시판을 통해서 해결할 수 있으니 아래 내용을 잘 확인하셔서 활용하기 바랍니다.

무료 동영상강좌 수강하기

무료 동영상강좌를 수강을 원하는 독자들은 반드시 아래 단계를 거쳐야 합니다.

이는 책을 구입한 독자들에게만 혜택을 주기 위함이니 번거로우시더라도 아래 절차를 이용해서 동영상을 수강신청을 해주기 바랍니다.

> 책 인증샷 찍기
> 네이버 워드프레스앤 카페 가입
> 양식대로 게시물 작성
> 메일 확인 후 동영상보기

구체적인 방법을 보면 다음의 절차를 거쳐서 이루어 집니다.

❶ 책 인증샷 찍기 – 자신이 구입한 [New 홍마리오의 워드프레스 중급] 책 인증샷 찍기
단, 책 인증샷은 반드시 PC 모니터 또는 노트북(태블릿) 등의 실습 가능한 장치와 함께
찍으셔야만 인증이 됩니다. 간혹 서점 같은 공공장소에서 찍은 사진은 인증이 안될 수 있
으니 유의바랍니다.

◆ 책인증샷 화면

❷ 워드프레스앤 네이버 카페 회원가입하기

◆ 워드프레스앤 네이버카페 화면

네이버에 로그인하고 워드프레스앤 네이버 카페(http://cafe.naver.com/wphome) 접속한
후 위 화면의 좌측 중간아래에 위치한 [카페 가입하기]를 클릭해서 가입하면 됩니다. 가입이
완료되면 반드시 게시글 1개, 덧글 1개를 작성해야 글쓰기가 가능하니 참고바랍니다. 댓글
작성은 아래와 같이 간단하게 작성하시면 됩니다. 자동으로 케니지 등급으로 등업됩니다.

◆ 댓글 예시, 가입인사 게시판에 댓글

❸ 책구입인증샷 게시판에 "제목 : 동영상자료 메일 요청"

카페 가입해서 케니지 등업까지 되었으면 이제는 1)번 단계에서 찍은 사진을 카페게시판에 올려야 합니다.

카페에 로그인해서 카페메뉴 중 아래 부분에 보면 위 그림과 같이 "[WPN]-워드프레스책" 메뉴가 보입니다. 여기서 '책구입인증샷' 메뉴를 클릭하면 글쓰기 화면이 보입니다. 말머리 선택에서 '중급책'을 선택합니다.

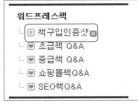

책 인증샷 게시판 바로가기 URL : http://goo.gl/2Bon6H

◆ 카페 메뉴

◆ 글쓰기화면 상단의 말머리선택 부분

제목을 작성하면 됩니다. 제목은 자율적으로 작성하면 됩니다. 제목에 '중급책개정판', '동영상'이 들어가면 됩니다. 그리고 글 양식 순서대로 작성하면 됩니다.

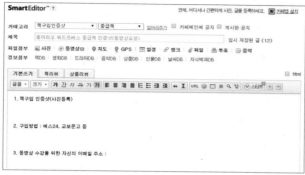

◆ 책구입인증샷 글쓰기 화면

❹ 동영상보는 방법 이메일 전송

위처럼 작성해서 등록하면 카페 운영자 홀라님께서 해당 게시물을 확인한 후 이메일을 보내고 댓글을 아래와 같이 달아줍니다. 단, 홀라 운영자님도 주말에는 쉬어야 하니 실시간 확인은 불가하고 대체로 평일 오전에 확인해서 동영상보는 방법을 이메일로 전송하고 있으니 참고바랍니다.

❺ 이메일 확인 후 동영상보기

이제 본인의 이메일을 확인한 후 [중급책개정판-동영상]을 관람하면 됩니다.

단, 해당 동영상은 주기적으로 비밀번호가 변경되므로 오랜 기간 동안 시청은 불가하니 반드시 이메일 받고 가급적 빨리 보셔서 실습방법을 확인하기 바랍니다.

홍마리오의 워드프레스 중급 책 질문게시판 활용하기

홍마리오의 워드프레스 중급 책 관련 질의응답을 카페에서 진행합니다. 따라서 책 관련 질문을 하고 싶은 독자분들은 반드시 아래 내용을 확인하시고 궁금한 점을 해결하시면 감하겠습니다. 일반적으로 카페 질문글을 남길 때 절차는 다음과 같습니다.

❶ 궁금한 점 발견 　　　　❷ 카페 검색을 통해서 찾아보기 　　　❸ 카페 로그인
❹ 중급책 질문게시판 내용 작성 　　❺ 질문에 대한 답변 확인

❶ 카페 검색을 통해서 찾아보기

먼저 워드프레스카페 초기화면에 접속하면 위와 같은 그림이 보입니다. 카페상단배너 아래에 보면 검색창이 보입니다. 검색창에 궁금한 내용의 키워드를 입력해서 검색을 합니다.

◆ 워드프레스앤 카페 초기화면

가령 질문할 내용이 '도메인등록' 이라면 '도메인등록' 키워드를 검색하면 다음 화면과 같이 도메인등록과 관련된 상당히 많은 질문들이 나옵니다.

◆ 워드프레스앤 카페에서 '도메인등록' 키워드를 검색했을 때 검색 결과 화면

이번에는 카페 검색창에 현재 중급책 개정판에서 실습으로 사용하고 있는 테마인 '인터페이스테마'의 슬라이드에 관한 질문을 해보겠습니다.

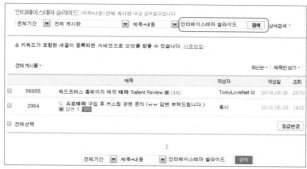

◆ 워드프레스앤 카페에서 '인터페이스테마 슬라이드' 관련 질문을 했을 때

상기 질문을 했을 때는 관련 게시물이 2개 검색되었지만, 실질적인 내용과 거리가 멉니다.

이때는 카페의 [중급 Q&A] 게시판을 통해서 질문을 하면 됩니다.

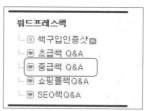

◆ 카페 메뉴

워드프레스앤 카페(http://cafe.naver.com/wphome)에 접속하면, 왼쪽 메뉴 중 [중급책 Q&A]게시판이 있습니다. 본 게시판은 실습자료도 공지게시물에 있습니다. 본 게시판

을 활용해서 홍마리오의 워드프레스 중급 책에 대한 궁금한 사항을 질문이 가능합니다.

홍마리오의 워드프레스 중급 책 Q&A 게시판 바로가기 주소 : http://goo.gl/l2SWBa

[질문하기]를 클릭하면 다음과 같은 화면이 보입니다.

그러면 우측 화면처럼 제목을 작성하고 본문에서 질문양식에 맞게 작성해서 질문을 완성한 후 게시물 하단에 있는 [확인]을 클릭하면 질문이 완성됩니다. 해당 질문은 실시간으로 답변이 되는 것은 아니며, 저자 또는 카페 고수분들이 질문내용을 확인한 다음에 답변이 가능합니다.

◆ 카페 중급책 Q&A 게시판에 질문하기

❷ 답변 확인 후 감사 댓글 달기

화면처럼 답변에 만족하면 '답변 채택하기'를 클릭한 다음 팝업창이 뜨면 간단하게 감사의 메시지를 남기면 됩니다.

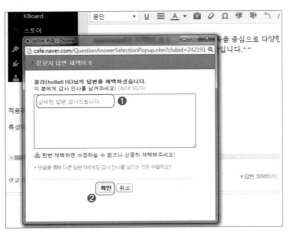

◆ 자신의 질문에 대한 답변글 확인　　◆ 질문답변에 대한 감사의 표시

❸ 책 내용 이외 워드프레스 전반적인 내용에 관한 질문 시

사실, 책 질문게시판은 주로 저자들이 하기 때문에 저자들이 바쁜 업무시간에는 답변이 늦어질 수 있습니다. 하지만, 카페의 전체질문게시판에는 수많은 고수들이 거의 실시간으로 답변을 해주고 있습니다. 따라서, 책 실습 내용 이외 질문은 카페 전체질문게시판을 이용하는 것이 훨씬 빠른 답변을 확인할 수 있습니다.

> **재능기부**
> └ 📺 테마/페이지 Q&A 🅽
> └ 📺 플러그인 Q&A
> └ 📺 호스팅 Q&A
> └ 📺 쇼핑몰 Q&A
> └ 📺 기타 Q&A

◆ 카페 메뉴

카페메뉴 상단에 보면 위 그림처럼 [재능기부] 그룹에 다양한 질문게시판이 보입니다.

[재능기부] 그룹에서 질문게시판은 워드프레스 전반에 관한 질문게시판으로 카페 메뉴 중 가장 활성화되고 있는 게시판입니다.

◆ 워드프레스앤 카페의 [WP질문게시판]

본 게시판도 질문하기 전 미리 해당 질문과 유사한 답변이 있는지 확인 후 질문하는 것을 권장합니다. 또한, 질문할 때에는 관련 이미지와 URL 등을 질문내용에 첨부하면 답변자가 질문에 대한 내용을 이해하기 쉬울 것입니다.

【cafe24 웹호스팅 3개월 무료이용 쿠폰 사용 방법】

'10G 광아우토반 Full SSD 절약형' 3개월 무료 이용 쿠폰의 사용 방법은 다음과 같습니다.

01 1카페24(http://www.cafe24. com)에 회원가입 후 [웹호스팅]– [10G광호스팅] 메뉴를 클릭합니다. '10G 광아우토반 Full SSD' 호스팅 상품 중 절약형의 [신청하기] 버튼을 클릭합니다.

02 해당 서비스 아이디와 관리자 정보 등을 설정하고 약관 동의 박스를 체크한 후 [다음] 버튼을 클릭합니다. Full SSD' 호스팅 상품 중 절약형의 [신청하기] 버튼을 클릭합니다.

03 신청내역에서 기간은 '3개월'을 선택하고 서버 환경 등은 "3장_01 웹호스팅 등록하기"를 참조하여 설정합니다. 결제정보를 확인하고 결제수단에서 '도서 쿠폰'을 선택한 후 제공되는 쿠폰 번호(16자리)를 입력한 후 [결제하기] 버튼을 클릭합니다.

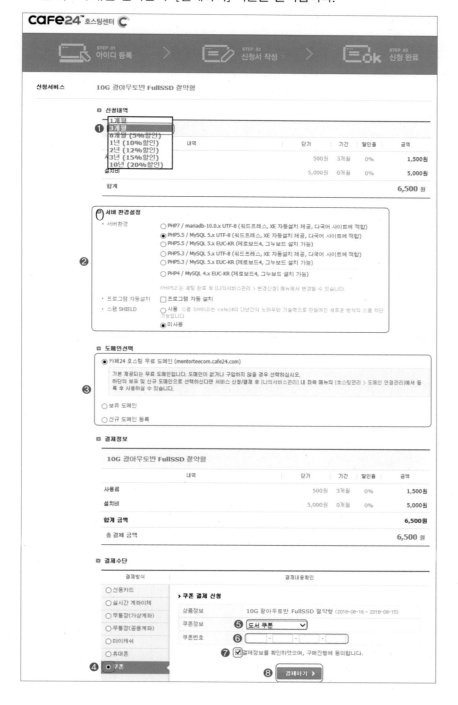

04 '10G 광아우토반 Full SSD 절약형' 웹호스팅 신청이 완료되었습니다. 3개월간 무료로 웹호스팅 서비스를 이용할 수 있습니다.

【cafe24 웹호스팅 3개월 무료이용 쿠폰 번호】

**Y29J-6DYL-5
EAW-WLW5**